AF585754

ARCHAKA

DU MÊME AUTEUR

L'ALOUETTE AU MIROIR, *roman*, Plon.
LA MANDARINE, *roman*, Plon.
LA TÊTE EN FLEURS, *roman*, Plon.
LA GLACE À L'ANANAS, *roman*, Plon.
LES SULTANS, *roman*, Grasset.
LE PETIT MATIN, *roman*, Grasset *(Prix Interallié 1968).*
LE SEIGNEUR DES CHEVAUX, *conte philosophique, en collaboration avec Alexandre Kalda,* Julliard.
FLEUR D'AGONIE, *roman*, Grasset.
BOY, *roman*, Grasset.
LE VOYAGE À L'ENVERS, *roman,* Grasset *(Grand Prix littéraire de la Ville de Bordeaux).*
BELLE ALLIANCE, *roman*, Grasset.
REINE-MÈRE, *roman*, Grasset.
CRÉPUSCULE TAILLE UNIQUE, *roman*, Grasset.
RACONTEZ-MOI LES FLAMBOYANTS, *roman*, Grasset.

Prix Prince Pierre de Monaco (1982) et *Prix Paul Morand (1984)* pour l'ensemble de son œuvre.

Tous ces livres ont été publiés en Livre de Poche.

CHRISTINE DE RIVOYRE

ARCHAKA

BERNARD GRASSET
PARIS

ISBN 978-2-246-59251-8

Ce grand enfant, cet homme de cinquante-trois ans qui marche sans hâte mais sans traîner, c'est lui, Archaka. Son allure est comparable à son écriture, pas de rature, pas de faux pas, rythme souple mais tenu, élégant balancement des bras. J'aime tant les chevaux, cela me permet-il de dire que le pas d'Archaka me fait penser à celui d'un cheval calme et droit ? La tête ne fléchit pas, le regard embrasse le paysage qu'il connaît par cœur, celui qui va de Golconde, la haute maison où il lit, écrit, dort, jusqu'à l'atelier où il écrit de nouveau, lit encore, puis peint, médite, écoute de la musique et reçoit ses amis, moi, par exemple quand je vais le rejoindre en Inde, à Pondichéry.

Cela m'est arrivé neuf fois et presque chaque fois j'avais un mal fou à repartir vers la France, je me demandais pourquoi ne pas prolonger. Je me sens à l'abri, au bord de ce bout du monde, la baie du Bengale, j'aime ses rivages, ses longues plages souvent désertes, sa mer dans laquelle j'entre sans le moindre effort, elle me change de l'Océan avec lequel j'ai l'habitude de lutter. J'aime aussi les arbres de l'Inde, banians, frangipaniers, jacarandas, flamboyants, tous sortis de contes de fées, et j'aime les Indiens, les Indiennes, leurs corps d'une minceur d'insecte, leurs yeux à la fois intenses et placides, mais c'est lui d'abord, avant tout, que j'aime, cet ermite singulier qui sourit comme personne, ce mystérieux, ce sagace, ce violemment doux, ce... Arrêtons l'énumération, elle risque de faire de l'ombre à un personnage épris avant tout de clarté. Sur lui comme sur ceux qui l'intéressaient, il portait toujours un jugement qui contenait l'essentiel. Un jour, il m'a écrit :

« *Je ne me considère ni comme un apatride, ni comme un fanatique de l'hindouisme vampé par sa culture que j'aime et que j'admire, ni comme une brebis égarée de la société de consommation, ni comme un nostalgique remuant des rêves de paradis perdus – ce qui voudrait dire que je crois au péché originel. Je dis toujours à mes élèves que je suis un martien!* »

Autant annoncer tout de suite la couleur : je ne me sentais pas fière à l'aéroport de Madras, où ce martien ne manquait jamais de m'accompagner quand le moment était venu de m'arracher à son Inde et à lui, et maintenant, oui, maintenant, là, dix ans après sa mort, comment évoquer ces séjours de six à huit semaines, comment les dérouler sur l'écran de ma mémoire avec tout le sang-froid désirable? Je le confesse d'emblée : ce récit n'a de sens que si je persuade ceux qui me liront de cette vérité, la seule qui m'importe : aux côtés d'Archaka, grâce à lui, enfin, je connaissais le prix de la vie, enfin je vivais. L'ampleur du sentiment avait bousculé nos âges, il aurait pu être mon enfant et c'était le contraire. J'avais tout à recueillir de lui, de ce qu'il avait appris, décelé puis pétri dans le creux de son âme sous le ciel à la fois glorieux et implacable de l'Inde du Sud. Archaka disait : « La blessure éblouissante du ciel de l'Inde ».

Les dons qu'on lui reconnaissait bien avant qu'il ne s'échappât d'un univers qui, dès l'enfance, l'avait malmené, cette intelligence aiguë, pénétrante, ce pouvoir d'attention d'une générosité rare, cette passion exigeante pour les mots, le langage – il était fou amoureux de la langue française –, tout cela s'était enrichi là-bas, agrandi, élargi, affûté.

S'y était greffé un détachement voulu de bonne heure et demeuré sans concession, une indifférence absolue, tranquille et malicieuse à l'égard des menus cadeaux que balance le destin et que les tam-tams de ce dingue d'Occident, ses tam-tams, ses projecteurs et ses gogos voudraient sans vergogne nous faire prendre pour le bonheur.

Jamais Archaka n'était plus gai – ni plus drôle – que lorsqu'il racontait l'histoire de cet éditeur ou de cette éditrice l'invitant chez lui ou chez elle afin d'anéantir sans témoins les promesses faites dans le cadre de la maison d'édition. Pour justifier le naufrage, il ou elle inventait dix, vingt, cent prétextes, certains cruels, d'autres simplement farfelus, tous stupides. C'est moi qui dis stupide. Je riais au sketch d'Archaka, à l'imitation de Monsieur ou Madame Poudre-aux-yeux, mais je râlais, c'est la barbe et la barbe, espèces de dégonflés, une promesse est une promesse, et moi, vingt ans de plus qu'Archaka, je l'ai souvent signalé, j'avoue conserver un faible *for the sweetness of life*, les douceurs de la vie, les étoiles et les pampilles qu'elle laisse choir lorsque, sans se soucier de la saison, elle devient arbre de Noël.

D'une lointaine jeunesse qui, finalement, ne s'est guère mieux passée que celle d'Archaka mais que, naïve ou flemmarde, ou les deux à la fois et pudique avec excès, je n'ai pas craint d'embellir dans la plupart de mes romans, de cette noire période où l'espérance, même la minuscule, avait des allures de péché, je fourbis un ressentiment tenace envers ceux qui ont l'audace de mener les autres en bateau. Agrémenté d'un zeste (litote) de rage, le ressentiment.

Lui pas du tout. Il riait, mon Dieu son rire. Et tranquillement, il exposait son point de vue : aux raconteurs de coups qui l'avaient – plus ou moins – bafoué, il trouvait je ne sais quelle innocence, à la muflerie de leur discours une manière de charme. Je m'indignais de nouveau : « Et pourquoi pas de la poésie ? » Nouveau rire et l'immuable déclaration :

— Je ne leur en veux pas. Je suis incapable d'en vouloir à qui que ce soit.

Même distance lorsque, toujours frivole, réjouie, j'applaudissais à une agréable surprise. Celle-ci, par exemple : Grasset publierait son essai, *Les Temps pré-éternels*. C'était en 1987 et je me dépêchais d'annoncer la bonne nouvelle. Une lettre un peu agitée avec des points d'exclamation, j'imagine. Et qui me valut la réponse suivante :

« *Je suis content. D'autant plus que le sort de ce livre, quel qu'il soit, me satisfera. Succès ou échec ne sont pas l'étalon de la valeur d'un livre. J'ai été profondément heureux d'avoir le pouvoir d'écrire celui-là. Je n'en demande en vérité pas davantage.* »

Je recopie. Toutes les lettres qu'il m'a envoyées de 1976 à 1995 sont sur la table où je travaille. Classées pendant la semaine qui a suivi sa mort, le 7 février 1996, et volontairement mises de côté, rangées dans un grand carton ouvert seulement le 7 février 2005. C'est ce jour-là que j'ai décidé de remettre en lumière l'homme dont le nom signifie en sanskrit : « celui qui invoque la Lumière ». Ses lettres vont m'aider. Je n'en ai sacrifié aucune.

Leurs enveloppes aussi sont là, qu'à la minuscule poste de l'Ashram de Pondichéry on fermait à l'artisanale avec un pinceau trempé dans un pot de colle. Même opération pour les timbres aux jolis décors indiens : fruits d'or, mangues ou papayes, têtes de femmes surmontées d'une amphore, vaches plus ou moins sacrées, faucons pour maharadjahs ou chics *Englismen*, héros de Forster ou de Bromfield, les uns et les autres de vilains chasseurs. Nehru, son célèbre calot, Gandhi, son crâne d'ascète, ses lunettes cerclées de fer mais pas son rouet. Sur un large timbre à une roupie, en l'honneur du centenaire *of the Indian National Congress*, les portraits de seize grands politiques, Indira au centre, sa mèche de neige, son sourire indéchiffrable de reine au pouvoir absolu.

Oui, j'ai tout gardé de l'Inde dont Archaka m'a fait cadeau, ses photographies, celles qu'il a prises, celles de lui que je regarde la nuit, et il me semble que soudain il va parler, il me parle. Sa voix est intacte dans ma collection de voix, calme comme son pas, égale plutôt que douce mais douce quand même, et certains de nos amis la jugeaient assourdie, et pardon si je les contredis, il n'y a rien d'assourdi dans le timbre de voix d'Archaka. Simplement, comme il a une sainte horreur de l'excitation et des cris, il parle mezzo voce. Diction fluide, mots qui s'échappent de sa bouche comme les notes d'un instrument de musique. Jamais gratuits, ces mots.

Ni approximatifs ni mous ni mode. Archaka ne tâtonne pas avec le langage, c'est un fou d'exactitude, la clarté est sa priorité, sa manie, son obsession. S'il avoue un penchant pour les termes savants ou rares, voire précieux, il ne les utilise que lorsque c'est indispensable. Difficile de ne pas être tout ouïe quand il me décrit cette Inde où il s'est fait parachuter à l'âge de trente-deux ans. Bien sûr, ma tête de vieille Occidentale élevée par des religieuses est un peu beaucoup cabossée, mais ça va, je m'accroche, l'invitation au voyage me plaît, vaillamment je m'efforce d'aller au-delà de cette attraction, d'entrebâiller, puis d'ouvrir ce qui en moi n'a pas été franchement recherché. Jamais, bien sûr, restons modeste, je ne saisirai toutes les subtilités de la culture indienne, de sa pensée. Mais ce n'est pas du tout ce à quoi s'attend Archaka. De lui-même il dit volontiers : « Je suis vraiment indianisé » et il a raison. Sa connaissance de l'Inde (connaissance est sans doute son mot favori), l'amour brûlant qu'il lui porte, ont fait de lui un vrai Indien.

Moi je ne suis là qu'en visite, mais c'est ainsi : à chacun de mes neuf voyages, le premier datant de janvier 1979, dès l'atterrissage à Madras et pendant les trois – ou quatre – heures du trajet Madras-Pondichéry, rien ne me déconcerte, ne me pèse, tout m'exalte et m'annonce la couleur : cette fois encore cela va bien se passer, le séjour me sera bénéfique.

Autour de notre voiture, c'est le chaos que relate immanquablement le voyageur qui s'aventure (ils sont de plus en plus nombreux) dans cette partie du monde, un trafic style exode, en plus violent, en plus dangereux.

Camions surchargés, autobus bondés, passagers en grappes sur les toits, voitures de toutes sortes et de tous âges (la nôtre est venue tout droit du Royaume-Uni mais bien avant l'Indépendance). Gardons-nous d'oublier le ballet des motos, mobylettes, vespas, side-cars, triporteurs, cyclo-pousses autour des charrettes que tirent les buffles aux cornes bleues ou violettes. Et les chiens. Oh, chiens jaunes de l'Inde aux flancs évidés, chiennes aux mamelles comme des besaces, je parlerai de vous un peu plus tard quand il me faudra être réticente ou sévère. Pour l'instant tout va bien, je n'ai pas vu les chiens de près et j'accueille, comme autant de chants célestes, les mugissements ininterrompus des avertisseurs (*Please play the horn*, voit-on écrit au dos des gros véhicules) et les grondements, les claquements, les craquements de tintamarres supplémentaires, sans compter les tourbillons de poussière qui font, dès qu'on sort de la voiture, les joues grises et rouges les yeux.

Tout à l'heure, dès que l'avion d'Indian Airways s'est posé sur le tarmac de Madras, je me suis débarrassée de mon dernier vêtement européen. Au tour maintenant de ce qui loge en moi, à quelques centimètres du cœur, appelons ça, au hasard, malaise, peur, angoisse, oui angoisse, misère de l'âge et du siècle. Lui succède en douceur, mais vive et merveilleuse, une sorte d'allégresse. C'est, comme au sud de la France, l'été, et je n'ai que huit ou douze ans, l'apparition de la mer. C'est comme lorsque

Mekhtoub, mon cheval tant aimé, un barbe à la crinière couleur de lune, levait le cul, en passant du trot au galop.

Soudain Dieu existait, il m'arrivait de lui (Lui) parler. Encolure arrondie, harmonieuse cadence des jambes, le cheval me signalait qu'il était heureux. Pas plus que moi, Mekhtoub! C'était à Barbizon ou dans les Landes. Dieu nous voulait du bien.

En Inde une foule de dieux viennent à ma rencontre. Archaka me les raconte. Leurs pouvoirs. Leurs avatars. Leurs jeux. Leurs dévots. Leurs sanctuaires que nous visitons. Et les maisons où leurs portraits aux couleurs criardes sont posés sur une tablette fixée au mur et ornée de fleurs en papier. A côté du dieu élu par la maisonnée, Krishna qui danse, ou Kali, la furibonde, qui tire une langue presque plus grande que son visage, ou encore et plus souvent l'affable éléphant Ganesh, cousin indien du Babar de Laurent de Brunhoff, fils de Jean – sauf que Babar n'a jamais eu pour mission de veiller sur la tirelire familiale. Ganesh si. Ce grassouillet est le dieu des roupies, de la prospérité. A côté donc du dieu lare, sur la même tablette, se trouve la photographie d'un homme entre deux âges, moustache poivre et sel. Ou d'une femme, les traits creusés, le regard vide, le sari rabattu sur les cheveux. L'un et l'autre ont droit à une formule de politesse dans le style : il était juste, généreux. Et elle, si douce, si bienveillante. Nulle larme ne luira dans l'œil de celui qui produira le commentaire. Le moustachu et la bienveillante sont morts, mais en Inde on ne fait pas ce genre de constat. On n'évoque pas la mort puisque, c'est ainsi, la mort n'existe pas. Qu'est-il arrivé aux deux personnages qui voisinent avec Ganesh ou Kali sur le mur de la maison ? Ils ont quitté leur corps, tout simplement.

Avouerai-je dès maintenant que, loin de m'apaiser, de minimiser ce qu'elle signifie, cette expression m'épouvante ? Je la retenais prisonnière loin de moi et de celui qu'elle menaçait, elle a filé à mon insu, atterri sur la page blanche tandis que l'homme que je hèle en silence, que j'implore depuis dix interminables années, marchait vers son destin, encore maître de chaque parcelle de son corps.

Je veux suivre au plus près son emploi du temps ce matin du 7 février 1996. Emploi du temps ? J'ai du culot. Non seulement Archaka n'admettait pas la mort, il disait aussi, écrivait souvent : « Le temps n'existe pas, la distance non plus. » Mais il me faut avancer, je suis à ses trousses et mes moyens sont ce qu'ils sont. Je parlerai donc du temps comme on me l'a appris. Et des heures, telles que les indique le soleil de l'Inde.

Voici que se lève, implacable, l'aube de ce 7 février. Sur la plage de Pondichéry, l'horizon accouche de l'astre classique. Les vapeurs de la nuit s'attardent çà et là, strient le lent ballon, freinant l'arrivée du parme, de la nacre et de l'ocre. Je trouve le phénomène plus émouvant que beau, il paraît que j'ai tort. Je veux bien. De toute façon je suis loin, très loin de là, peut-être même que je dors à l'abri de ma forêt et Archaka n'est pas sur la plage, assis sur le sable froid, en train de guetter la naissance du jour sur la baie du Bengale. Il est dans sa chambre, déjà debout. C'est un obsédé des ablutions matinales et les douches de Golconde sont dignes d'un six-étoiles. Quand il rejoindra sous la voûte les habitants de Golconde qui prennent leur petit déjeuner, il sera net, j'allais dire : neuf, frais, rasé de près, son bel œil bleu ouvert à la vie. A la vie. Non, je ne tremble pas, mes lettres ont bien formé le mot. Vie. Archaka est vivant.

Pendant dix ans, il descendra de sa chambre habillé à l'indienne : kurta ou tunique en tissu blanc très léger, et dhoti, c'est le vêtement classique des hommes, quels que soient leur caste ou leur âge, une pièce de tissu également très légère, enroulée autour des jambes et plus supportable que le pantalon quand le ciel du sous-continent déverse sa fournaise. Je trouvais, et je n'étais pas la seule, qu'Archaka avait beaucoup d'allure en kurta et dhoti. En Indien, quoi. Mais le matin du 7 février 1996, il porte un short blanc et une chemise blanche à rayures bleues. Sa chambre est au second étage de Golconde.

Golconde est un bâtiment à nul autre pareil dans le sous-continent et même, je crois, dans le reste du monde. Aucun rapport avec les fraternités ou les sororités de chics campus américains. Ni avec les *guest houses* de style et d'esprit résolument *british*. Et les jolies maisons édifiées au temps où Pondi (on abrège volontiers) était, devant Chandernagor, Karikal et la suite, le plus célèbre des comptoirs français, ces maisons que leur porche dallé et leurs blanches colonnades font ressembler au Tara de Scarlett, n'ont pas servi de modèle. Dans la Ville blanche, elles abritent des familles aisées. Autour de l'Ashram on les a réservées aux bibliothèques, à des bâtiments administratifs, au consulat de France.

Pour les sadhaks, ou disciples, qui sont venus parfois de fort loin s'initier à l'enseignement de Sri Aurobindo, le grand yogi et celle que l'on appelait la Mère n'ont voulu qu'un dortoir. Et la Mère, une autorité, s'il en fut, dans tous les domaines, précisait : « Golconde est un dortoir pour ceux qui veulent méditer dans un cadre de beauté. »

Autre commentaire : « Dans les temps anciens les rishis vivaient dans les montagnes et leurs disciples dans des grottes creusées dans les montagnes. Golconde est l'équivalent de ces grottes pour ceux qui désirent atteindre au yoga intégral de Sri Aurobindo. »

Nous sommes en 1935. Les dieux de l'Inde semblent sinon bénir tout au moins favoriser les projets des deux yogis. L'un des sadhaks, Philippe Saint-Hilaire, un Français rebaptisé Pavitra, met en contact Sri Aurobindo et un architecte tchèque émigré aux Etats-Unis, Antonin Raymond. Lequel a collaboré un temps avec le célèbre Frank Llyod Wright, notamment à la reconstruction de Tokyo après le tremblement de terre de 1923. Grande voyageuse dans sa jeunesse, la Mère, elle aussi, a séjourné à Tokyo, et comme sa quête spirituelle est entièrement tournée vers l'Avenir (avec un A majuscule), l'idée d'une architecture moderne la séduit.

Ganesh et Shiva n'ont plus qu'à envoyer leurs bonnes ondes à l'artiste tchèque qui a dit oui à son ami Pavitra, oui aussi à Sri Aurobindo et recueilli avec piété les recommandations et desiderata de la Mère. Seul, en paix, au trente-sixième étage (ou au soixante-troisième) d'un gratte-ciel de Manhattan (ou de Tokyo) il médite, gamberge sur le paysage désuet de Pondi, la mer, la baie, les cocotiers, les frangipaniers et les blanches maisons à colonnes que cernent des grappes de masures.

Comment rivaliser avec une grotte ? a dû se demander Antonin Raymond. En simplicité rigoureuse ? En pureté de lignes ? En austérité qui ne soit comparable ni à celle du bunker, ni à celle de la caserne ? Mais d'abord et surtout comment réussir à contrarier, à mater les 35 et 40 et 45 ° qu'enregistrent sans pitié les baromètres de Pondichéry en sa rude saison ?

Eurêka et quel génie, cet architecte : grâce à lui Golconde sera un chef-d'œuvre de *cross ventilation*. Sur toute la longueur et sur la hauteur, le mur qui regarde la mer et celui qui lui fait face seront découpés en persiennes (en anglais on dit *louvres*). Interdites les ouvertures d'un autre style, fenêtres, baies, vitrages. A leur place, donc, et superposées, des enfilades et des enfilades de persiennes en ciment.

Comme autant de paupières. Comme autant de nageoires ou d'ailes. Ou d'élytres. Actionnées par un système de leviers qui permettra de doser l'air, la lumière. De protéger de la pluie ou du déluge de la mousson. Et des vents qui soudain s'affolent, des orages brutaux, des tempêtes, on ne disait pas encore tsunami.

Le 10 octobre 1937, le chantier de Golconde est mis en route. Antonin le Tchèque est là, il est assisté d'un autre Tchèque, Frank Sammers, et d'un Japonais, George Nakashima, l'un et l'autre ayant gagné aux Etats-Unis diplômes et expériences.

Côté finances, *every thing is under control* : Ganesh a fait son devoir et le Dewan d'Hyderabad le sien : 100 000 roupies ont atterri dans l'escarcelle de l'Ashram. Une bonne somme ? je présume. La roupie devait avoir du répondant au temps où le *British Empire* n'était pas menacé. En guise de merci et en hommage au trésor légendaire qui continue à être la fierté d'Hyderabad, la Mère décréta que le dortoir de ses rêves et de ses sadhaks porterait le nom de Golconde.

Dernière précision : la main-d'œuvre. Eh bien et c'est sans doute, dans l'odyssée de ce bâtiment hors norme, l'étape qui m'enchante le plus : la main-d'œuvre requise par Sri Aurobindo et la Mère est essentiellement composée de leurs sadhaks. Les noms sanskrits dont on les a dotés chatoient et parlent d'âme et de courage, de volonté, d'amour. On les appelle Chandulal, Jyotindra, Khirode, Purnananda, Madaulal, Rishabchaud. Un certain Udar (traduisez par âme noble) est né à Goa. Avant sa majorité, il a cinglé vers l'Angleterre, en est revenu avec un diplôme d'ingénieur dans l'aéronautique (en 1930!). Plus une fiancée londonienne, Mona.

Et Pavitra, le Français dont j'ai parlé quand il se prénommait Philippe, a coiffé le bicorne de l'Ecole polytechnique. Ces deux-là et les autres, tous dotés de belles intelligences et de curiosité métaphysique, sous le ciel de ce coin du monde qui peut passer du pastel le plus délicat à la violence du brasier, ces hommes qui ont, dès leur plus jeune âge, conçu le désir d'accéder à ce qu'on désigne là-bas sous le seul vocable de

Connaissance se sont tout bonnement mués en ouvriers. Sans étonnement, sans la moindre protestation, au contraire, avec entrain, avec joie (oui avec joie, on me l'a affirmé), ils ont, aidés de quelques ouvriers locaux, coulé le béton, façonné le ciment, sculpté le bois, travaillé le bronze, le cuivre, le fer. Vêtus de pagnes ou de dhotis, ils ont fendu, scié, raboté, mesuré, moulé, démoulé. Et chargé, transporté, déchargé, élevé, élevé, élevé. Golconde comprend un rez-de-chaussée et deux étages. Douze ans furent nécessaires à sa construction.

Et Golconde est une merveille qu'a dirigée pendant plus de soixante ans, d'une main de fer et de son irrésistible voix flûtée assortie d'un accent digne de Buckingham, ce phénomène de Mona (devenue pour moi une vraie amie).

A neuf reprises j'ai habité, vécu à Golconde. D'abord, dans la chambre voisine de celle d'Archaka, au deuxième étage. Par la suite, un étage au-dessous du sien et, dans les deux cas, c'était pareil. Puisque toutes les chambres, toutes les cellules que la Mère a voulues comme des « cadres de beauté » sont rigoureusement identiques. Même superficie, mêmes murs artistement chaulés, mêmes dalles prolongeant celles des longs corridors. Mêmes portes à glissière formant le quatrième mur de la cellule, même haute marche devant les persiennes-élytres qu'assiègent l'air marin et la lumière du jour.

Ah ! j'oubliais. Même lit étroit que l'on pourrait qualifier de monacal s'il n'était coiffé d'une moustiquaire et doté d'un dossier canné. Même chaise également cannée (le cannage filtre la chaleur), même table pas vraiment grande mais pas trop petite non plus, disons de taille modeste que, dès mon arrivée, sans même m'en rendre compte, j'envahissais de mon désordre sentimental et rituel : photographies de mes chiens et chevaux à tous âges, vieux carnets de voyage (j'aime comparer les lieux, les impressions les plus fugitives, et surtout les visages), cahiers, blocs de toutes tailles, stylos, pointes bic de rescousse, crayons de couleur. J'ai un peu les manies du capitaine unijambiste, Jules, le père de ma chère Colette, mais lui se contentait d'entasser puis de dissimuler sans y toucher sa belle papeterie. Moi j'utilise tout et je gribouille beaucoup, partout, sur tout. Ma mère s'en indignait : comment t'y retrouves-tu ?

Sans un mot de reproche et même chaque fois en riant, Archaka, qui venait de débarquer léger comme un chat dans ma cellule, redonnait illico figure humaine, si j'ose dire, à la table de la romanichelle. Avec la célérité et l'adresse du prestidigitateur qui récupère dans ses manches lapins, jeux de cartes et bouquets de fleurs, il faisait disparaître le fouillis.

Sa table, dans sa chambre, était toujours nette. Quand il écrivait jamais plus d'une feuille de papier devant lui qui serait vite couverte, sans une rature, je l'ai déjà dit, de lignes harmonieuses, de lettres enroulées les unes aux autres, certaines majuscules ravissantes, le D, le Q, le S, le L. Une fois de plus, à propos de cet amoureux de la musique, me vient une comparaison musicale : Archaka écrivait comme le musicien qui trace une partition. Que ce soit l'essai qu'il avait mis en chantier quelques semaines plus tôt, la traduction qu'on lui avait commandée à Paris ou cette *Promenade en Inde* au titre modeste qui éclaire de façon surprenante la quête d'un « promeneur » qui ne ressemble à aucun autre.

Il est maintenant huit heures du matin sur le Tamil Nadu, l'Etat indien qui englobe l'ancien comptoir français de Pondichéry, et à huit heures du matin, début février, dans ce coin des tropiques, il est bien difficile de ne pas se croire transporté dans quelque annexe du Paradis. Le ciel y est d'une limpidité de commencement du monde.

Archaka disait : « En ce moment le ciel est partout. » Soleil continu, mais rien de plus, rien d'insistant. De doux et calmes rayons qui se contentent de caresser benoîtement individus et paysages. L'envie s'impose d'aller saluer la mer. C'est exactement ce que va faire Archaka. Suivons-le, les yeux fermés, au fil des images qui se pressent, s'additionnent, à peine embuées par le temps, dix ans. *Dix ans.* J'ai dit qu'il portait un short blanc et une chemise à raies blanc et bleu, à ses pieds des tongs. Rien sur la tête, le brigand. Rien sur la tête depuis qu'il a décidé d'être un vrai Indien. Fier de son teint couleur de teck (l'expression est de lui), et moi je critiquais : je n'aime pas que tu te balades sans chapeau, tu n'es pas né en Inde, contente-toi d'y vivre à ta guise, méfie-toi du soleil.

Méfie-toi du soleil. Antienne connue, irrépressible, inévitable. Et comme prévu, sans réplique. Depuis le temps que je lui serine mon couplet sur le soleil de l'Inde, le bonhomme au teint de teck se contente de m'adresser un sourire. Ma lâcheté devant le sourire d'Archaka qui s'accroche à chaque trait de son visage trop hâlé, trop sombre, tandis que bleuit le bleu de ses yeux.

Bon, que je vous rassure tout de suite, je ne vais pas pleurnicher, m'attendrir, pas encore. J'avance dans ma traque, dans ma poursuite. Comme Archaka sur le chemin qu'il a choisi pour se rendre de Golconde à la mer. Ici le mur où cascadent, rouges, corail, pourpres, une demi-douzaine d'écharpes de bougainvillées. Là, le marchand d'oranges devant sa petite charrette, il vend aussi, bien sûr, des noix de coco, mais je ne raffole pas du lait de coco. En revanche l'eau me vient à la bouche à l'évocation des petites bananes de la petite charrette, elles ont goût à la fois de violette et de miel et fondent sur la langue où perdurent un long moment le miel et la violette.

Va-t-il s'arrêter maintenant, mon ami Archaka, devant les bâtiments où se trouvent la chambre qu'occupait la Mère et les appartements de Sri Aurobindo ?

Cela m'étonnerait. Il attend généralement la fin de la journée pour se rendre au Samadhi. Ainsi désigne-t-on la cour au milieu de laquelle se trouve la pierre tombale sous laquelle, à quinze ans d'écart, ont été ensevelis les deux sages. D'après mon guide, le beau vieillard qu'aurait pu peindre (en autoportrait) Léonard de Vinci avait accompli le cycle complet de ses réincarnations. La frêle Mère dont l'autorité à la fois formidable et suave bouleversait, me disait-on, tous ceux qui l'approchaient, en avait fait autant. On leur épargna le bûcher purificateur.

Les rishis des temps anciens étaient généralement enterrés dans la montagne, non loin des grottes où s'étaient retirés leurs dévots. C'est le cœur de l'Ashram et la terre de Pondichéry qu'ont choisis comme sépulture Sri Aurobindo et la Mère. Au pied de leur maison, au bas de leurs fenêtres, cette cour devenue jardin.

Dès l'aube et jour après jour, les jardiniers venus de Matrikounj (le verger et le potager de l'Ashram) investissent les lieux, déposent des kyrielles de plantes enfouies dans des poteries façonnées par les artisans maison. Le décor est rafraîchi, enrichi, modifié. Y règnent, bien sûr, les plus belles roses d'Inde, les plus charnues, j'allais écrire les plus vraies. Accompagnées d'hibiscus, de lis, de tubéreuses, de jasmins et de roses, bref, de tout ce qui embaume.

Au-dessus de la tombe, soutenu par un étai en bois, un arbre géant s'incline et ses branches forment un dais que couvrent vers mars des colonies de fleurs d'un or sombre. La Mère était friande de symboles, elle avait donné des surnoms à toute la végétation de l'Ashram. Le colosse aux fleurs d'or était devenu l'arbre-service. Pour quelle raison ? Je l'ignore et je crois n'avoir interrogé personne là-dessus. A l'arboretum de Bangalore, cependant, je me suis un peu agitée et j'ai repéré le cousin ou le frère de l'arbre-service. Son nom botanique : *tucoma argentia.* Hum ! un mot savant consigné il y a vingt-cinq ans dans un carnet plus très frais est-ce bien fiable ? Qui pourrait me le dire ? Mon botaniste attitré est parti, hélas, herboriser de l'autre côté des nuages. Seconde découverte dans le carnet flétri : *tabebuia argentia,* c'est un arbre planté, disait Bangalore, par Nehru. L'amoureux de lady Edwina Mountbatten en avait-il fait cadeau à l'Ashram ? Ce serait romantique mais c'est peu probable. Alors contentons-nous de cette évidence : l'endroit choisi pour l'éternité par les deux sages, les deux rishis de notre ère, est le plus accueillant, le plus paisible des jardins. Les Indiens qui élèveraient volontiers un temple à chaque coin de rue en hommage à Shiva, Ganesh, Vishnou (mon préféré, couché sur son serpent) ou à l'un ou l'autre de leurs si nombreux avatars (dont Parvati, ma favorite, et Durga, je connais une Durga qui n'est pas une déesse, elle pourrait l'être, elle est belle et courageuse). Les Indiens donc sont enchantés de pouvoir, à toute heure du jour et sans cérémonie, venir s'incliner devant l'auteur de *La Vie divine* et son active collaboratrice.

N'ayant jamais rencontré la Mère (elle venait de trépasser quand Archaka a débarqué à Pondichéry), je m'abstiendrai de tout jugement sur elle. Quelques histoires (des légendes et même un petit lot de calomnies) circulent à son sujet depuis un moment. Son passé est trop aventureux, affirment certains censeurs, et mouvementé, incompatible avec son statut de yogi. Peu me chaut. Le yoga n'a pas besoin d'un catéchisme ni de commandements, ce n'est pas une Eglise. Tout ce que je sais c'est que la Mère était française, qu'elle vécut longtemps et que sa famille était de confession juive. Elle a été mariée une fois ou deux. La belle affaire! A l'Ashram elle avait laissé un souvenir très positif. Mes amies Sutapa et Sunayana qui l'avaient approchée évoquaient sa bonté, la façon dont elle veillait sur chacun, disciple ou élève. Et Dimitri, le grand ami d'Archaka qui vient de mourir à l'âge de cent un ans, à Pondichéry, Dimitri qui fut matelot en Russie sous le tzar, puis éminent professeur à Yale et à Berkeley, m'avoua que c'était pour elle, pour la bonté qu'il lisait dans son regard, qu'il avait quitté un pays qu'il aimait et des amis très chers.

D'autre part, sans la constante énergie de la Mère, son sens pratique et son goût ardent pour la beauté, la superbe maison de Golconde serait restée un mirage. Les enfants de l'Ashram l'appelaient Douce Mère : eussé-je trouvé l'occasion de la saluer, je n'en aurais pas dit autant, mais rares étaient les jours, lors de mes passages à Pondi, où je manquais un rendez-vous avec le Samadhi. C'était à deux pas de Golconde et je n'avais que deux consignes à suivre : me taire et me déchausser.

Or, depuis mes années de couvent (jamais oubliées), je révère le silence, j'en ai un besoin violent. De surcroît le frottement de pieds nus sur la pierre ou le ciment est pour moi comme une musique, surtout quand l'accompagne le parfum conjugué de l'encens et du jasmin.

Nous aimions bien, Archaka et moi, passer par le Samadhi en revenant de la plage. Nous nous étions baignés dans la baie du Bengale (selon les courants, tiède ou presque chaude), nous avions nagé l'un à côté de l'autre sans le moindre affolement. Parfois, en raison d'une usine de rhum un peu proche, le goût de l'eau de mer changeait, nous ne détestions pas ce punch salé. Crois-tu que je vais pouvoir sortir de l'eau sans ton aide ? Qui disait cela ? Moi sans doute, dans un fou rire. Ou lui, c'était un joyeux, Archaka.

Soudain, au-delà de la plage, au-dessus des maisons et des bâtiments de l'école, un énorme fruit rouge occupait le ciel, modifiait les couleurs et les ombres. A regret nous quittions la mer. En quelques minutes nous étions secs. A part les cheveux qui ruisselaient dans le cou, et c'était encore une sensation agréable, celle de retenir quelques gouttes de cette mer qui nous plaisait tant.

Au Samadhi il y avait du monde, des amis d'Archaka devenus les miens : Sutapa, Krishnakumari, Mona, Chanda, Monoj, Peter, Anamika. Certains aussi de ses élèves et parmi eux, Sunayana Panda, venue d'Orissa et photographiée sur la première couverture de *Promenade en Inde.*

Belle à couper le souffle, amusante, douée pour tout, elle avait incarné Antigone dans un spectacle mis en scène par la fille de Georges et Ludmilla Pitoëff, Svetlana, ashramite de longue date. Sunayana était et reste une amie intime, mon dernier lien avec l'Ashram de Sri Aurobindo.

Apparemment indifférents les uns aux autres, déjà entrés dans le recueillement, les visiteurs se débarrassaient de leurs tongs derrière les barrières de fleurs. Certains, dont Sunayana (Suni), me cherchaient du regard. Bonjour ou plutôt bonsoir à distance, c'est-à-dire *Namaskar* ou *Namaste*, sans prononcer les mots, mains rapprochées l'une de l'autre à la hauteur du cœur. « Ne t'attends pas à des accolades, m'avait prévenue Archaka à l'occasion de ma première visite en Inde, mais à cette discrétion quasi liturgique dans le raffinement des gestes. » Et cela ne pouvait que me plaire.

Ne serait-ce que pour leur façon de saluer, les Indiens méritent notre admiration et notre gratitude. Pauvres Français que nous sommes, abonnés à la poignée de main qui parfois brise les doigts comme au double baiser sur une joue froide ou au contraire trop chaude et moite. Une mode récente et démagogique veut que les enfants de nos amis et relations soient incités à rapprocher leurs museaux tout neufs, tout frais de ceux, soyons honnêtes, peu appétissants, d'adultes qu'ils connaissent à peine. Me souvenant sans plaisir (euphémisme) des joues comme en suif ou en saindoux d'une grand-tante de Bordeaux qu'il fallait appeler *Auntie*, j'ai toujours fait grâce même à mes neveux les plus chers, et même quand j'étais jeune et pas du tout laide, de ce baiser contraint. J'ai vu certains enfants s'essuyer rageusement la bouche qui avait atterri sur une joue suspecte.

Raison de plus pour expliquer à leur descendance l'intérêt et le charme des mains jointes à l'indienne qui me rappelle celles des madones de Bellini ou de Lotto à l'apparition de l'Ange. *Namaste. Namaskar.* Sourire en prime. Sourire indien comparable à nul autre.

La digression sur le baiser français maintenant expédiée (j'y tenais), revenons à l'atmosphère du Samadhi, à ces hommes et à ces femmes, ashramites ou pas ashramites, qui s'approchaient pieds nus de la haute dalle blanche au fond de la cour-jardin, sous l'arbre aux fleurs d'or rebaptisé (je finirai bien par savoir pourquoi) arbre-service.

D'une main ou des deux, ils caressaient furtivement la savante mosaïque de pétales de roses, de lis, de tubéreuses et de jasmins qui décorait la surface de marbre puis, sans ostentation, portaient ces mains à leur visage. Je regardais Archaka accomplir ce geste, je le trouvais naturel, gracieux, un geste comparable à celui du chrétien qui trempe le majeur de la main droite dans l'eau du bénitier et fait ensuite le signe de la croix, bonjour mon Dieu, comment allez-vous ? Leurs mains effleurant les tubéreuses du Samadhi, Archaka et ses amis saluaient les deux grands rishis des temps modernes, les fondateurs de l'Ashram qui dormaient sous la terre. Dormaient ou veillaient ? On les avait enterrés assis, paraît-il. Parmi les ashramites amis évoqués tout à l'heure, Sutapa, venue de Bombay à l'âge de vingt ans, s'appuyait contre un mur, s'accroupissait lentement. A soixante-quinze ans et plus, elle n'accusait aucune raideur. Vêtue à l'occidentale (en guise de sari, un pantalon d'une blancheur impeccable), sa silhouette était celle de Coco Chanel, fine, légère et pas un cheveu blanc. Les yeux clos, concentrée, le dos droit contre son mur, elle avait l'expression de ces fidèles qui allument un cierge à Saint-Germain-des-Prés, à droite, en entrant, devant l'autel de la Vierge.

Il m'arrive de grimper les marches de Saint-Augustin pour, un peu dans le même esprit, me semble-t-il, rendre visite au Père de Foucauld.

En premier lieu me séduit l'église construite par Baltard qui marie avec élégance la pierre et le fer. Ensuite ce petit homme vêtu d'une soutane de coton blanc ornée d'un immense cœur rouge me raconte une histoire bouleversante : il était officier à Saumur mais la plupart du temps, il menait la belle vie avec des gourgandines saumuroises et puis, coup de gong, de bambou, de théâtre : envoyé en mission au sud du Maroc, voilà notre Charles face au désert du Sahara.

Face à l'infini miroitant sous le soleil d'Afrique, lequel vaut bien le soleil de l'Inde.

Adieu cocottes et coquines de Saumur, Charles de Foucauld est frappé par le Saint-Esprit dans l'église de Baltard. Il n'aura de cesse de retrouver le Sahara. Il le retrouve. Félicité. Devenu ermite, l'ancien officier consacrera sa vie aux combattants du désert, les Touaregs, il apprend leur langue, rédige un dictionnaire touareg-français de plus de mille mots. J'adore cette histoire. Hélas, elle finit mal. Le Dieu du Sahara n'a pas veillé jusqu'au bout sur Charles de Foucauld. Et de méchantes langues ont rapporté qu'il était un espion à la solde de je ne sais qui. D'où le retard avec lequel il a été déclaré Bienheureux. J'ai souvent raconté à mon confident préféré combien j'étais émue par cette destinée insolite et romanesque. Appuyée aux persiennes-élytres de ma chambre à Golconde, je crois me souvenir que j'ai versé une larme en évoquant l'ermite trahi et assassiné.

Ai-je entraîné Archaka à Saint-Augustin

quand il est revenu à Paris? Je n'en suis pas sûre. Et pourtant, chaque fois que je me rends dans la chapelle latérale où l'on a édifié la maquette du fort de Tamanrasset, je m'envole, tête et cœur, vers le Pondichéry que j'ai découvert en 1979, que j'ai quitté une fois pour toutes en janvier 1996. Sur les photographies suspendues près du fort, les grands yeux sombres de Charles de Foucauld sont des puits. Des puits également les yeux d'Archaka. Et bleue leur eau.

Retrouvons-le appuyé au muret qui sépare la plage du cours Chabrol où l'on croise, au centre, la statue du Mahatma Gandhi – qui tourne inexplicablement son dos tout en os à la mer – puis au bout, dans un petit square poussiéreux, le premier Français à être tombé amoureux de l'Inde, l'infortuné Dupleix, trahi par son roi. Profitons de ces quelques restrictions pour signaler que le sable de la plage n'a rien à voir avec celui, doux et mordoré de notre vieil Atlantique, que la plage elle-même n'a pas l'ampleur et le satin à marée basse de celle d'Auroville, à côté de Pondichéry, ou de Mahabalipuram, un peu plus loin.

D'autre part, de crainte de voir la mer par tempête venir caresser les pieds nus de Gandhi et ceux des badauds sur le cours Chabrol, on a jeté d'énormes pierres, presque des rochers, sur une partie de la plage, celle précisément que nous empruntions pour nos baignades de la fin du jour.

Archaka semble contempler ce paysage. De ce regard qui me tourmente lorsque je le surprends. Un regard qui voit au-delà, bien au-delà. Ailleurs. Autour de lui grouille une foule indienne classique. Grosses dames en saris de couleurs vives. Maigres dames en saris blancs (ce sont les veuves ou les vieilles célibataires). Jeunes filles en salviar kamiz. Ça papote ferme.

Bien sûr, il y a aussi des hommes. Aussi bavards, surtout les vieux. Et des enfants qui jouent et se poursuivent comme tous les enfants du monde. Et des chiens, mon Dieu, mon Dieu, les chiens de l'Inde.

Tout le monde en Occident sait qu'en Inde on laisse libre cours aux vaches, elles se promènent d'un trottoir à l'autre, fouillent les poubelles, mâchent ce qu'elles y pêchent, jamais on ne les gronde, jamais on ne les chasse, tandis que les chiens...

A chacun de mes voyages, je choisissais des chiens de Pondichéry avant qu'ils ne soient embarqués par la fourrière. Une année, il y eut Karna et Taka. Deux créatures exquises, d'un jaune-beige, dotées de pattes filiformes, de museaux fins, d'appétits mesurés, le pain de l'Ashram leur suffisait. Je les regardais s'ébattre sachant qu'elles vivaient, à peine âgées d'un an ou de deux ans, leurs meilleurs moments. Toute la fatalité de l'Inde flottait autour de leurs gambades. Je leur disais profitez, profitez, et miracle, l'une d'elles, Karna, fut sauvée par la fille du sadhak Udar et de son épouse britannique Mona.

Gauri (du nom de la déesse Gauri, avatar de Parvati et épouse de Shiva), Gauri, sorte de François d'Assise anglo-indien, était professeur à l'Ashram. A la joie de ses élèves, elle donnait ses cours, un écureuil niché dans son chignon. Gauri adopta donc Karna. Mais Penny, ma dernière chienne ou plutôt la chienne de la dernière année, également jaune-beige et gambadeuse et confiante n'eut pas, je le crains, un destin comparable à celui de Karna.

Archaka la confia à un jeune peintre tamoul

qu'il protégeait et qui vivait un peu en dehors de la ville dans un village, certes de type bidonville, mais plutôt bien tenu. La chienne me quitta sans histoires. A son cou un collier qui venait de Paris. Le Tamoul tenait la laisse assortie au collier.

La veille de mon départ pour Paris, on me ramena Penny pour un dernier adieu. Sur son cou si mince brillait une chaîne faite pour les chevilles d'un forçat ou la cloche d'un monastère. J'ai dû pousser un petit gémissement, oh cette chaîne, on m'expliqua que la laisse ainsi que le collier de Paris avaient été volés. Que n'ai-je caché cette Penny dans mes bagages ? Pourquoi ne suis-je pas entrée au consulat d'un pas sûr, dégagé ? Sous l'araignée géante du ventilateur, un employé moustachu m'aurait peut-être repérée, bien reçue, éclairée. Le consul lui-même m'aurait, le saint homme, donné sans tergiverser l'autorisation d'embarquer pour la France cette chienne jaune à fin museau dont les jours en Inde ne pouvaient qu'être pénibles ou comptés. Bien sûr, je rêve et je divague. Qui ne sait que la bureaucratie indienne est un gouffre, un entonnoir, une fin de non-recevoir ?

Que la paperasserie y a été comparée à celle du KGB ? Il n'empêche que, lorsque je regarde les photographies de Penny avec Archaka, je me prends à maudire le côté pusillanime de mon caractère, cette façon de me soumettre devant de trop hauts obstacles, rien n'est trop haut ni difficile quand il s'agit de sauver un chien.

Bon. Pourquoi le cacher plus longtemps ? J'ai le trac. Chaque mot que j'écris me rapproche de l'échéance, alors je vais donner la parole aux lettres que m'a écrites Archaka, là, devant moi, toutes ces lettres si belles et par exemple celle-ci datée du 30 janvier 1982 :

« *Je crois au bonheur et qu'il est contagieux, je crois que par la clarté de notre bonheur nous aidons le monde car en étant heureux nous ne diffusons que de la lumière.* »

Et un peu plus loin :

« *Il faudrait que l'on n'ait pas honte d'être heureux. La honte – ce sentiment si terriblement occidental et qui, peut-être, est lié à cette invraisemblable et diabolique invention du péché originel. Si quelqu'un est heureux le voici réprouvé, car on estime alors qu'il se met au ban de l'humanité souffrante en cessant de souffrir lui-même – alors que par son bonheur il aide beaucoup plus l'humanité qu'en étant malheureux, qu'en se sentant impuissant, et le monde condamné.* »

Je continue :

« *Et je m'estime immensément privilégié d'avoir un jour compris pourquoi je suis sur terre et d'avoir pu tout abandonner pour vivre ce que j'avais compris. Il n'est pas d'autre fondement à mon bonheur et c'est ce qui le rend perdurable.* »

Se sent-il encore privilégié le jeune homme qui fume une cigarette en regardant la mer ce 7 février 1996, ses yeux perdus dans l'ailleurs ? Peut-il encore décréter, sûr de soi : « Je crois au bonheur, il faudrait que l'on n'ait pas honte d'être heureux ? » Il éteint sa cigarette, décide de rentrer à Golconde mettre de l'ordre dans sa chambre. Plus minutieux, je crois l'avoir déjà dit, je n'ai jamais connu. Sur sa table il ne restera que le petit vase dans lequel baignent des roses – il aime surtout les roses jaune safran – et la tête de cheval en bois peinte en vert que je lui ai donnée quelques années plus tôt pour son anniversaire.

Dans le tiroir aucun papier, nulle lettre, il n'a rien gardé de ce qu'on lui a écrit durant ces années, vingt années, de vie en Inde, rien. Grâce à Suni, la tête de cheval est maintenant à moi ainsi qu'un carnet d'adresses où figurent une douzaine de noms indiens et le double, à peine, de noms français. A la lettre V je note le nom de son frère aîné, Laurent de V.

Me voici engagée sur le chemin de son enfance. Pardon Archaka, il m'est arrivé de te demander d'accomplir le travail toi-même, d'expliquer pourquoi, quittant la France, tu as décidé en quelque sorte de renaître là-bas, dans ce lieu clos dont tu ne savais pas grand-chose. Renaître en 1975 à l'âge de trente-deux ans ! Il te fallait commencer par décrire le jeune Jehan de V. né à Pau le 27 décembre 1942. Et ça, tu ne pouvais t'y résoudre.

En témoigne cette lettre datée de 1993 :

« *Me servir beaucoup et souvent d'éléments qui relèvent de l'autobiographie finit par m'asphyxier. Ressusciter le passé, même en le purifiant, en le tenant à distance, en le justifiant au besoin, ce voyage au pays de la souffrance et de l'incompréhension m'est pénible à un point que tu ne peux imaginer. Devoir revivre les yeux ouverts l'horreur ancienne ne la rend pas moins horrible mais plus hideuse encore et plus injustifiable car, à la différence des Indiens dont c'est sans doute la vertu la plus sublime et qui les distingue de toutes les races du monde, je ne m'incline pas facilement devant le mal.* »

Et puis :

« *J'ai horreur du culte de la souffrance et de l'humiliation volontaire sous prétexte d'atteindre ainsi à quelque hauteur.* »

Je vais donc faire défiler en accéléré les images du jeune Jehan qui, dès l'âge de seize ans, décida de s'appeler Alexandre. Alexandre Kalda, un nom juif qui ne manquerait pas de contrarier des parents antisémites et qui aurait été emprunté à Kafka. Sans fournir le moindre commentaire, le père de Jehan-Alexandre (que je n'avais aperçu qu'une fois) m'envoya tout un lot de photographies de son fils. Je découvrais le bébé, puis le petit garçon, l'adolescent, le collégien. En vêtements de l'époque, culottes courtes, pantalons trop larges, vareuses, blazers, chandails tricotés par la mère que l'enfant avait surnommée Olivia. J'eus droit en prime à des photographies de classe avec, comme il se doit, élèves juchés sur une estrade au centre de laquelle trônait un professeur. A Saint-François-Xavier, ce fut Frère Joseph, un jeune abbé rêveur, à lunettes. A Saint-Jean-de-Passy, quelques années plus tard, un révérend père corpulent, coiffé de la réglementaire barrette à trois cornes. Le père de Jehan a-t-il eu un jour l'idée de frapper à la porte de leurs bureaux, réclamant un entretien court mais clair sur son enfant. C'est ce que font de nos jours les papas qui ne comprennent pas toujours le comportement de leur progéniture. Autre temps, autre attitude. Ni le frère à lunettes ni le père à barrette ne reçurent la visite de monsieur de V. Et d'ailleurs Archaka était muet à leur sujet. En revanche, lorsque soudain (très rarement) son esprit dérivait vers ce qu'il appelait « la ténèbre familiale » il osait quelques noirs couplets. Vais-je les rapporter ? Je l'ai déjà fait, ça ne m'a pas plu. Je ne vais pas récidiver.

Sur le sage petit garçon accroupi, les bras croisés, au premier rang de la classe de Frère Joseph comme sur l'adolescent, style Dargelos, le front barré d'une mèche brune qui sourit avec une détermination qui transperce le cœur, je jetterai un voile. Je préfère retrouver l'ami qui me décrivait avec un plaisir tout frais tout neuf les cours qu'il séchait dès la classe de quatrième et ses fugues en solitaire jusqu'aux grands cinémas des Champs-Elysées. Là, il se débrouillait pour assister à une séance, voire deux, du film dont il avait entendu parler par un camarade doté de parents qui ne lésinaient pas sur l'argent de poche. Je posais quand même des questions :

— La caissière ne te demandait pas ton âge ?

— Non.

— Et l'ouvreuse ?

— Non plus.

Son rire. Mon interrogatoire s'arrêtait là. Mais pas le récit du film à grand spectacle qui avait ravi l'écolier vagabond. Vingt ans, trente ans après la séance enchantée il revoyait les chevauchées éperdues, les poursuites infernales, les scènes tragiques, les happy ends. Rentré à la maison, cinq étages sans ascenseur, Jehan balançait sous le lit ou dans un placard livres et cahiers de classe et s'abîmait dans les mille pages du *Juif errant* d'Eugène Sue ou dans *Salammbô*.

Troisième. Seconde. Seconde redoublée. A Saint-Jean-de-Passy, les mauvaises notes pleuvent. A la maison, le père tonne, la mère geint (à moins que ce ne soit le contraire). De sa voix la plus suave, le garçon s'explique sans rien expliquer, brode sur du vent, fabrique des excuses surréalistes. Il va jusqu'à promettre de ne plus s'évader, il a caché les excursions aux cinémas des Champs-Elysées. De toute façon, il s'est juré de devenir un écrivain. Où écrire ?

A la maison, impossible. Au collège, facile : les professeurs ne quittent pas leur estrade durant les cours qu'ils débitent d'un ton monocorde. Bien à l'abri derrière livres, dictionnaires ou simplement son bras gauche replié, Jehan, sacré dans son cœur Alexandre Kalda, écrit. Tous les jours pendant des semaines, des mois. A la page 245 il estime que voilà ça va, ça suffit. Son roman n'a plus qu'à être publié. Le relit-il ? Je parie que non. Le corrige-t-il ? Pas davantage. En revanche, il se débrouille pour que l'ouvrage soit dactylographié. Par qui ? Je n'ai jamais eu que des réponses évasives. Et pourtant j'ai souvent grillé de savoir qui avait déchiffré *Tantale*, c'est le titre choisi par Alexandre Kalda. Il a également entendu parler d'une collection réservée aux écrivains débutants, 61, rue des

Saints-Pères, fief de Bernard Grasset, auquel vient de succéder un autre Bernard, son neveu Bernard Privat; puis aux côtés de cet homme subtil, généreux, portant un regard pénétrant sur tout ce qu'on lui donne à lire, François Nourissier, à l'époque plus François que Nourissier, déjà polyvalent, doué pour tout mais sans barbe, je le revois plutôt style *british*, doté de joues fraîches et roses.

Ce n'est ni à Bernard ni à François que le gamin à la veste tricotée remet son manuscrit, c'est à un jeune normalien, Dominique Fernandez, lequel a pris en main la collection « Les chemins de l'écriture ». Et Dominique lit *Tantale*. Avec intérêt, puis stupeur, puis un malaise grandissant. Dédié à PERSONNE, le roman du Kalda de seize ans démarre sur une image insoutenable et se poursuit, haletant, sans ossature, porté par une charge poétique violente, semé de mots de toutes les couleurs au service d'une souffrance qui s'éploie de page en page et agresse le lecteur et finit par le blesser.

Pour la énième fois je viens de me plonger dans *Tantale*, l'effet escompté est au rendez-vous, le coup de poing en plein cœur et le désir éperdu de courir au secours d'un enfant qui s'époumone à crier qu'il est en manque d'amour et que rien ne s'arrangera. Sur la quatrième de couverture Fernandez parle de « la nuit qui enveloppe son âme et dont nulle analyse ne pourra le délivrer ». Comment ne pas comprendre et approuver l'Archaka de l'Ashram d'avoir refusé de ressusciter cette nuit ?

Tantale touche certains critiques, en agace d'autres, le livre est loin de battre des records de vente. Que l'on n'imagine pas que le tout neuf écrivain en est déçu, le moins du monde amer. Aux tapes de consolation qu'on lui donne sur l'épaule, sur la joue, il répond par un de ces vastes sourires dont il a le secret. Tirage, louanges, projecteurs, de tout cela Alexandre n'est nullement obsédé, il a déjà l'attitude et les réflexes qui m'épateront chez Archaka vingt-cinq, trente ans plus tard. Qu'il ait pu, sans effort ni courbettes d'aucune sorte, publier le livre qu'il a eu le culot d'écrire au collège pendant des cours de latin ou de mathématiques, cette aventure l'a tout à fait contenté. Pas ravi, seulement contenté, comme si cette chose étrange, la chance, avait découvert, en son honneur, sinon son éclatant visage, tout au moins le bout de son nez.

Alors ragaillardi et soudain envahi de bonnes résolutions, avant d'écrire un second livre, il va tenter de réussir l'examen auquel, trois fois de suite, il a échoué, ce qui à la maison lui vaut de quotidiennes jérémiades. S'il décroche ce foutu bac, peut-être qu'il se sentira plus libre.

Il le décroche, il se sent libre. D'autant plus qu'il a comme professeur de philo, François Châtelet, pédagogue envoûtant dont il me vantera l'intelligence jusqu'à la fin de ses jours (il évoque Châtelet dans *Promenade en Inde*).

D'autres bonnes rencontres suivront : en premier lieu, Joseph Breitbach, mécène de grande race qui ne se rend au théâtre qu'entouré d'une cour d'invités de tous âges. Il prend l'apprenti écrivain sous son aile, l'apaise, le conseille, lui présente ses amis. J'ai fait partie des invités de Joseph dans son bel appartement de la place du Panthéon. Lors des déjeuners raffinés qu'il donnait, il me plaçait à sa droite et sur son protégé exprimait des jugements d'une émouvante clairvoyance. Quand Joseph est mort, Alexandre, devenu Archaka, vivait depuis cinq ans à Pondichéry. Je reçus la lettre suivante :

« *Tu sais combien le rôle que Joseph a joué dans ma vie d'alors a été important. N'aurais-je pas trouvé en lui le père exigeant et bon, ironique et cultivé dont j'avais besoin, je n'aurais probablement pas été le même. Il m'a aidé, il m'a donné confiance en moi, il m'a encouragé. D'où venais-je? De quelle ténèbre préhistorique et familiale? En m'interdisant d'en parler et donc de le remercier, il a en partie dénoué les entraves qui empêchaient mon essor.* »

Sa vie d'alors! Il disait aussi « mon autre vie ». Et n'insistait pas, laissait tomber aussitôt, ou, au contraire, tout joyeux, faisait revivre, outre Joseph, des êtres qui avaient su s'intéresser à lui au bon moment, lui tendre la main, l'écouter. Ce solitaire avait un besoin fou d'être écouté sérieusement. Une des premières personnes à lui faire confiance fut Jean Le Marchand, à l'époque rédacteur en chef d'*Arts*, qui l'envoya l'année de ses vingt ans interviewer

Raymond Abellio puis Jacques Prévert et Anaïs Nin.

De sincères élans d'amitié conclurent ces entretiens. Puis il y eut Ugne C., pilier de la littérature étrangère chez Gallimard qui recueillit Kalda lors d'une fugue prolongée, et Hélène S. qui lui emboîta le pas et ouvrit maintes et maintes fois sa porte à l'ermite vagabond dès qu'il en avait assez de ses ermitages. Adepte un peu trop consacré de la *Flower Power*, il transforma, un temps, le grand appartement d'Hélène, en face du Luxembourg, en une manière de souk hérissé de bannières. L'encens y régnait.

Notre rencontre à tous deux, j'y arrive quand même, remonte à 1966. Elle est liée à Tunis, où l'on célébrait le Prix des 4 Jurys. Une joyeuse compagnie fut accueillie par Bourguiba lui-même qui nous souhaita la bienvenue dans un français forcément châtié. Toute fraîche est dans ma mémoire la frise de visages qui nous entourait : Odette Joyeux et son mari, Philippe

Agostini ; Jacques Laurent et sa jolie femme suédoise, Elizabeth ; Jean-François Josselin et Bernard Pivot, mais oui le vrai Pivot, le futur grand prêtre d'« Apostrophes », cheveu d'un noir brillant, œil parcouru d'étincelles. Il représentait *Le Figaro*, l'adorable Josselin, *Le Nouvel Observateur* et Kalda, je n'ai jamais compris comment, tout bonnement *L'Express*. J'appartenais au jury du prix, et comme je n'avais pas de mari à produire, je suis arrivée accompagnée de ma sœur cadette. L'humeur était de la couleur du ciel local, nous buvions de la *bukha*, c'est l'alcool également local.

Radieux souvenir : le paysage n'était pas chiche de palmiers. Ni de cocotiers. (Je raffole des palmiers comme des cocotiers.) Un autobus dont m'échappent dimensions et couleur trimbala notre aimable confrérie de Tunis à Sousse puis à Sfax. Je me souviens d'une arrivée et d'une nuit au bord du désert. Eblouissement collectif.

Mais cette fois Alexandre Kalda l'emportait sur Charles de Foucauld. Pendant le voyage de retour il se mit à convoquer ses écrivains favoris. Je ne surprendrai personne en révélant qu'aux yeux de l'auteur de *Tantale,* Dostoïevski dépassait de je ne sais combien de longueurs les autres, tous les autres. Disert, méthodique, il se mit à démonter la fresque géante – et terrifiante – des *Possédés*. Cahotait l'autobus tunisien, surgissaient peut-être chameliers et dromadaires, ici un bouquet de cocotiers, là des figuiers de Barbarie, peut-être encore un nouveau pan de désert, moi j'étais en Russie et je croisais Stavroguine coiffé de sa toque de castor blanc. Son regard de glace me transperçait. Près de lui Maria Timopheïvna boitait bas, elle avait le cou sec et long des victimes-nées, et Alexandre disait qu'il l'aimait. Il a toujours eu un penchant pour les innocents, les cinglés, les dupes, ceux que dans ma campagne on surnomme les pecs et que la jeunesse actuelle, qui ne s'encombre pas de nuances, fourre dans un seul et unique sac, celui des tarés. Avec l'entrain communicatif du dévot qui rajoute dizaines sur dizaines à la récitation de son chapelet, il égrenait scènes de folie, explications tumultueuses, confessions tragiques, suicides, meurtres. Mais moi je me sentais si confortable dans mon autobus, si contente à côté de mon séduisant taré que, ma foi, je n'entendais que ce qui me plaisait, en priorité la caressante musique des prénoms russes qu'il prononçait à la perfection. Il avait vingt-trois ans.

Je blague, je baguenaude. Et comment faire autrement quand surgissent de toutes parts les images à peine voilées de ce pour quoi, imitant Archaka, je ne trouve qu'un mot : « l'autre vie » ?

Mon autre vie à moi, désormais, est très souvent associée, liée à la sienne. Ses séjours chez moi, dans mes repaires. A Paris, à la campagne. Parfois légers, fortifiants, incomparables. Parfois, au contraire, barbouillés de gris et même de noir. L'auteur de *Tantale* ne chassa pas en un tournemain les démons qui l'avaient assailli dès l'enfance. Et moi, j'ai le génie de rater une marche, la bonne, et de ramasser un gadin sans essayer de simuler le contraire. Bref, dans le genre désarroi peine perdue, je peux battre des records. Si bien qu'entre le jeune homme qui me fascinait et la femme de vingt ans son aînée (je rabâche, c'est plus sain) à laquelle il semblait tenir défilèrent des malentendus, en quantité, et des ruptures, au moins deux. Trois ?

Bien. Et maintenant que, l'honnêteté l'exigeant, les intermèdes sombres de notre affaire sont signalés, que l'on me permette de filer là-haut, dans le ciel des bons beaux grands moments partagés. Il y en a eu, beaucoup et davantage, reconnaissez-le, mon Dieu, si vous avez tant soit peu de sympathie pour notre attelage singulier. Alexandre était fou d'opéra, et moi c'est la danse, le ballet. J'ai connu et même très bien connu des danseurs, des danseuses ; j'ai hanté leurs salles de répétition, leurs coulisses ; j'ai fini par connaître par cœur leurs morceaux de bravoure et leurs têtes de martyrs voluptueux en conclusion d'un grand manège ou d'un adage étourdissant de virtuosité. Sur certaines partitions, quelque chose aux tréfonds de moi dansait, danse. Je n'en ai jamais parlé à personne, surtout aux intéressés, mais Archaka l'a su.

Cela nous unissait comme m'attachait à lui sa passion pour la voix des chanteurs d'opéra, surtout celle des cantatrices. « De tous les instruments de musique, m'a-t-il dit mille fois et écrit dans presque toutes ses lettres, c'est la voix que je préfère. » Il y a, dans *Promenade en Inde*, une page consacrée à la voix de Régine Crespin qui me bouleverse chaque fois que je la relis. Et m'apparaît soudain le visage qu'il avait quand il écoutait l'enregistrement des *Nuits d'été* de Berlioz, où Régine est imbattable. Pâle, clos, trébuchant dans un délectable coma, n'en émergeant qu'à sa guise, avec dans les yeux cette lumière qui n'appartenait qu'à lui.

Quelques mois avant notre rencontre, il avait publié chez Albin Michel *Le Ciel des fous*. Cette fois Faulkner n'était pas loin de ce noir duo ou plutôt de ce duel entre une brute douloureuse et un simplet qui se laisse appeler mon chien. Dans sa critique du *Ciel des fous*, Kléber Haedens avait parlé d' « une sorte de défi à Dieu » et moi j'avais frissonné : trop noir, trop dur. De mon côté je venais de sortir, chez Grasset, *Les Sultans*. L'héroïne, une ex-danseuse, racontait avec bonne humeur sa vie de *back street*. Je savais de quoi je parlais mais Kalda me dit simplement que je pouvais faire mieux. Et ce fut, sous son regard vigilant et implacable, écrit en grande partie dans la petite maison, brique et bois, que mon grand-père maternel avait fait construire, dans notre forêt, ce fut le roman pour lequel j'ai eu le plus de chance : *Le Petit Matin*.

Qui doit beaucoup au professeur Kalda.

Mon thème primordial : le destin d'une jeune fille de dix-sept ans sous l'Occupation. Passons sans tarder aux aveux : l'Occupation de la France en 1940 par les Allemands ne cessera jamais de me hanter. J'avais dix-sept ans moi aussi, quand notre village a été envahi. Dans un coin du salon, mon père, officier de cavalerie à la retraite, d'habitude si réservé, maître de lui, avait du mal à dissimuler sa douleur. Ma jolie grand-mère se tenait dans le vestibule, debout, droite, dressée. Je revois sa robe de surah gris à pois plus clairs, ses chaussures à boucles d'argent, son chignon d'un autre argent. Elle voulait ouvrir elle-même la porte de la maison. Quelqu'un l'a fait à sa place. Elle est restée droite, dressée, et le premier side-car est apparu au bout de l'allée entre les tilleuls et le très haut pin franc. Par la suite, lorsque je rêvais de la mort, elle fonçait sur moi au volant d'un side-car. Au-dessus de son visage sans traits, apparaissait le cancrelat aux quatre pattes crochues qui grouillait sur tous les murs du pays, qui m'apparaît encore de loin en loin, aux petites heures de préférence, et l'insomnie lui succède. Et les bilans. Les mots abjects qui accompagnèrent le désastre n'ont pas cessé de me donner la nausée, et tous les livres que j'ai pu lire par la suite, tous les films que j'ai vus, les témoignages de survivants sur l'entreprise la plus satanique de l'histoire du monde ont nourri mon malaise. Je doute qu'il se dissipe un jour. Et je sais qu'au moment de trébucher pour de bon, aux consolantes images de rire et d'amour, succédera celle qui m'obsède : à coups de crosse de fusil, des soldats poussent une foule d'innocents dans un wagon à bestiaux. Qui n'a pas entendu leurs cris et les hurlements des enfants entassés avec eux n'a aucune idée de l'enfer.

D'autre part, peut-être est-ce répréhensible mais c'est ainsi, rien, non rien n'arrivera à purifier ma mémoire de l'atmosphère irrespirable d'une maison dite de vacances où s'étaient réfugiées des familles qui n'avaient pour seul lien que celui du sang.

Je racontais tout cela à mon très jeune Alexandre, et que je désirais faire surgir l'héroïne de mon prochain roman dans ce bourbier d'où je n'arrivais pas à me dépêtrer. Né en 1942, il ne pouvait que deviner, comprendre. Il devinait au quart de tour, comprenait aussi vite. J'ai donc énuméré. La fille. Le père. La fielleuse parentèle. Et, dans toutes les plus belles pièces de la maison, devant le piano de Grand-Maman, comme à la table à rallonges de la salle à manger, dans les escaliers, la cuisine, l'office, les couloirs et les salles de bains, eux, eux, eux, les squatters de l'époque, les coucous à plumes vertes, ces messieurs, quoi, comme disaient pour simplifier, mais aussi offensés, aussi furieux que nous, ces confidents hors pairs que l'on appelait encore les domestiques.

Tout commence sur un détail véridique. Les Allemands logés chez nous avaient réquisitionné les chevaux de mon père. Dans le roman, un officier allemand monte le cheval du père de l'héroïne. Elle est à cheval, elle aussi, elle poursuit le cavalier, la rage au cœur, elle a dix-sept ans.

— Et alors ? a fait Alexandre.

— Et alors, tiens, entre eux deux ça ira mal. Une tragédie. Peut-être qu'elle le tuera.

Il a d'abord souri puis, très sérieux, très calme, il a lâché :

— Je préférerais qu'entre eux il y ait de l'amour. Ce serait mieux, il me semble, une histoire d'amour entre la jeune fille et le cavalier.

J'ai dû protester : de l'amour? Et quoi encore? Peut-être même ai-je eu recours à l'indignation. Quelle infamie. Quelle honte. Et puis. Et puis, il était si persuasif, Alexandre, j'ai fini par céder. Dans *Le Petit Matin*, le cavalier allemand, qui n'a été doté ni de nom ni de prénom, aime la jeune Française qui se laisse séduire. Faute qui, dans cette période funeste, fut commise un peu partout, dans les villages de France.

Mais voilà – et je ne cherche pas à me justifier –, il se trouve que dans la réalité, j'étais incapable de jouer les Arletty de province. D'abord, à l'âge de dix-sept ans, le manque de centimètres aidant, j'en faisais quatorze, tout juste. Ensuite, à l'inverse des jeunes filles d'aujourd'hui, délurées, précoces, moi, j'étais plutôt du style lambin. Je venais de passer la seconde partie du bachot et je rêvais de devenir botaniste, ou bien d'écrire des romans comme *Poussière* de Rosamond Lehmann ou *La Nymphe au cœur fidèle* de Margaret Kennedy.

Et puis, autre explication qui vaut bien les deux premières : nos envahisseurs n'étaient guère affriolants. La fine fleur aryenne ne s'était pas trop aventurée dans notre forêt de pins. Je me souviens de soldats mastocs, ni vieux ni jeunes, d'officiers sans prestance, sans charme, mais pas encore agressifs. Chez ma grand-mère, un certain Herr Otto allait jusqu'à caresser notre caniche, il remplissait sa gamelle des reliquats de leurs festins, et comment protester contre ce geste ? Comment prier Herr Otto et ses camarades de ne pas poser leurs bottes devant la porte de leurs chambres dans le grand corridor de la maison ? Il puait la rage, le cuir noir des bottes de nos occupants !

Cela ne figure pas dans mon roman. Et le cavalier allemand que j'ai décrit n'est pas un balourd sans âge. Et celle qu'il séduit n'est ni distraite, ni empotée, ni farouche. Mais comme c'est à elle que je prête la parole puisque mon livre est écrit à la première personne, tant pis pour moi. Avec la contribution des bonnes âmes, on m'a longtemps fait barboter dans le chaudron des vilaines sorcières de l'Occupation. Quand je le signalais à mon conseiller littéraire préféré, il ne manifestait aucun regret. Je crois me souvenir qu'il me félicitait :

— C'est la preuve que tu as très bien fait ton travail de romancière.

La malveillance, c'est connu, est de l'espèce du phénix. Une nuit – la date n'est pas récente mais elle s'inscrit avec tant de clarté dans le rappel de mes souvenirs que je pourrais dire : c'était l'année dernière –, un drôle de bonhomme est venu frapper à ma porte bien après la tombée du jour. Mes visiteurs de l'été, amis et neveux, étaient partis les uns après les autres.

Les volets de la maison, hasard ou prémonition, je les avais tous fermés, ce qui n'est pas dans mes habitudes. Surcroît de précaution, j'avais verrouillé la porte-fenêtre qui donne sous l'auvent. J'étais seule dans la maison avec mon petit chien ratier que j'appelais l'Oiseau.

Débarque le bonhomme, le type, le fâcheux qui, au passage, je l'apprendrai le lendemain, s'est offert de bonnes rasades de stimulant à l'auberge du village.

— Ouvrez-moi, dit le type.

Je commence par ne pas me tracasser :

— Revenez demain quand il fera jour.

— Ouvrez-moi tout de suite, tout de suite.

Cette fois c'est l'Oiseau qui répond. Tout à l'heure il grondait. Maintenant il se déchaîne. L'aboiement des ratiers c'est, je l'affirme, à peu près ce qu'il y a de mieux comme chahut pour décourager les intrus.

Mais le type est trop saoul pour renoncer déjà, il persiste, s'acharne. Bientôt c'est la tempête sous l'auvent devant la porte fermée. Proférées d'une voix d'ivrogne, des paroles de reproche et de haine alternant avec des coups de pied violents dans les meubles de jardin et les pots de lauriers-roses. Qu'inventer pour mettre fin à cette épreuve ? Je téléphone au notaire, un vieil ami de mes parents. Il me confie que, sous son lit, depuis des lustres, il dissimule un fusil de chasse ne serait-ce que pour faire peur aux importuns, cambrioleurs ou autres.

— Vous devriez en faire autant, me dit-il.

— Je n'ai qu'une arme : le sabre de mon père.

Je ne crois pas que le notaire ait accordé le

moindre petit rire à cette réplique. Pour lui – comme pour moi d'ailleurs – l'heure n'est pas à la plaisanterie. Il m'annonce qu'il va prévenir les gendarmes, lesquels se trouvent à quatorze kilomètres de notre village ; il me faudra tenir jusqu'à leur arrivée. Soutenue par mon chien qui s'époumone, je tiendrai, mais qu'elles sont longues les heures de la nuit quand un hurluberlu ou un méchant vient en fracasser la tranquillité !

Les gendarmes prennent leur temps. Un uniforme, ça ne s'enfile pas en trois secondes. J'ai dû implorer mes saints favoris. Saint Christophe, sainte Philomène, et bien entendu le Père de Foucauld. J'ai dû avant tout penser à mon ami indien. Au secours, Archaka. Soudain une voiture a fait ronfler son moteur devant mes fenêtres et ma porte. J'ai reconnu la voix et l'accent de mon plus proche voisin, le boulanger. Intrigué par la sérénade interminable de mon petit chien, il voulait savoir ce qui se passait chez sa voisine. Il avait devancé les gendarmes et j'ai ouvert ma porte. Dans le faisceau des phares de la voiture, j'ai aperçu le trublion. Titubant, hagard, dépenaillé, moche.

— Faites vos excuses, lui a dit le boulanger.

— Oui, des excuses, répètent à tour de rôle, les deux gendarmes miraculeusement surgis de leur camionnette.

— Pourquoi ? fait l'ivrogne, pourquoi je ferai des excuses ? J'ai lu son livre, moi ? Je sais ce qu'elle a fait, elle.

Le voilà reparti pour un nouveau florilège d'insultes. Heureusement mon sauveteur, le boulanger, ne lui en laisse pas le temps. D'une main décidée il cueille le bras gauche de l'emmerdeur. Les gendarmes se chargent de l'autre bras. Hop, dans la camionnette.

Je n'ai qu'une phrase à dire, j'en dis trois. Au boulanger : je n'oublierai jamais ce que vous avez fait pour moi. Aux gendarmes : tâchez de ne pas le relâcher trop vite. Enfin au type :

— Pauvre type.

Quelques instants plus tard, accroupie sous l'auvent parmi les pots de fleurs brisés et les fauteuils renversés, je serre mon petit chien contre moi. Merci, l'Oiseau. Est-ce que je pleure ? Je pleure en même temps que je ris. Et le lendemain, sans omettre un détail, j'envoie un compte rendu de ma mésaventure à mon ami de Pondichéry. Que m'a-t-il répondu ? Je ne retrouve pas de lettre commentant ce petit drame. Mais dans une autre lettre, à propos d'un personnage peu enclin à me témoigner de la sympathie, voici ce qu'il m'a écrit :

« *Il n'a rien à voir avec toi, c'est lui qu'il salit en jetant de la boue, et non pas toi. Toi tu es ici à l'Ashram au moment cent fois répété où je m'immerge parmi la paix en fleurs du Samadhi. Et quelle boue peut t'atteindre ici ?* »

Les mots espérés. La phrase-baume. En un quart de tour, ce qui a fait mal est mis à plat, vidé de toute salissure. La boue devenue balle prestement retournée à l'envoyeur. Que naturellement je n'ai ni vu ni entendu puisque, dès qu'il a débarqué, ivre, dans l'airial, moi je filais vers l'Inde d'Archaka. Sauvée.

Enhardie par ses bénéfiques conseils pour *Le Petit Matin* je lui avais demandé, un jour (et c'est encore un souvenir de « l'autre vie »), d'écrire un livre avec moi. L'idée avait germé à la lecture des Mémoires d'Abd el-Kader.

J'y apprenais que le célèbre émir donnait au cheval qui l'accompagnait dans ses périples à travers le désert, celui qu'il montait de préférence à tout autre lors d'une fête ou quand il se rendait au-devant d'un hôte aussi illustre que lui, bref à son cheval favori, son compagnon, le nom magnifique de Buveur d'Air. Et la jument qui avait engendré le Buveur d'Air était la Fille du Vent. De quoi gamberger. Nous gambergeâmes, Alexandre et moi. C'est lui qui décida que la Fille du Vent serait non la mère de Buveur d'Air mais son épouse. Et leur poulain qui viendrait au monde sous la tente d'Abd el-

Kader serait prénommé Saïd, il serait le Seigneur des Chevaux.

J'aurais très bien pu me limiter à décrire le quotidien d'Abd el-Kader et le dressage minutieux qu'il imposait à ses chevaux. Il leur enseignait l'art de la ballotade et de la caracole, et la nuit, après avoir fait avec eux, les tenant en longe (une longe sertie d'or), le tour du campement, il les invitait à dormir à ses côtés sur le plus beau tapis de sa tente.

Dormir auprès de l'animal qui vous aime – et que l'on aime aussi – est chose délectable. A Saint-Tropez, Colette s'allongeait sous sa célèbre treille; aussitôt accourait et s'enroulait en croissant, tout près de sa tête, celle qui lui avait inspiré *La Chatte*, admirable roman. Et nous sommes légion, nous, amateurs de chiens, à partager, reins contre reins, la sieste et souvent la nuit de l'ami inconditionnel qui ne sait pas trouver le repos ailleurs.

Mais dormir auprès de son cheval n'est pas aussi facile ni fréquent. En dehors d'Abd el-

Kader, peut-être de certains cow-boys dans les beaux westerns, je connais peu de cavaliers qui ont connu ce bonheur. J'en ai rêvé. Avec Mekhtoub, avec Aurore, avec Boy. Hélas, j'ai dû me contenter de m'asseoir dans leur box, et c'était généralement à une heure difficile : le cheval souffrait, on craignait pour sa vie. Alors je demandais : tu veux bien que je reste avec toi ? Et j'installais mon petit transistor dans l'auge, mon séant sur la paille de la litière. La musique s'égouttait, toujours une musique vive, du violon, de la guitare, grand instant d'intimité. Les minutes passaient. Le violon poursuivait sa course enchantée. Au bout d'un moment, un long moment, le cheval redressait l'encolure, s'appuyait sur l'antérieur droit, puis sur le gauche. Une fois debout, il s'ébrouait et me priait de le laisser. Voilà, ça va, lâche-moi les sabots, je t'aime mais tu as besoin de te détendre, laisse-moi seulement la musique s'il te plaît. La rémission commençait.

Pas toujours. Mekhtoub est mort d'un seul coup, d'une seule chute violente au travers du box, j'ai oublié au son de quelle musique, il aimait bien Prokofiev. Aurore n'est pas tombée, elle s'est couchée, et les merles dans la haie voisine ont accompagné le dernier soupir d'une jument baie au cœur magnifique – elle était née en Irlande.

Nous avons, Alexandre et moi, écrit *Le Seigneur des chevaux* en 1968, très précisément en mai 1968. A trois ou quatre rues de notre domicile se déroulait le festif grabuge, on comparait les cocktails Molotov à des étoiles filantes. Quelques personnes très chics avaient emprunté les décapotables légendaires des photographes de *Paris-Match*. On avait admiré leurs coiffures gonflées rue Pierre-Charron, on les retrouvait rue des Fossés-Saint-Bernard, aussi gonflées, flottant comme des étendards au vent parfumé de hashich de la *new revolution*. Sur laquelle, et que l'on me pardonne, je n'ai ni le temps ni l'envie d'écrire quoi que ce soit. D'autant que dans notre repaire dont les fenêtres donnaient sur la Seine, Alexandre et moi nous ne pensions qu'à Saïd, le fils du Buveur d'Air et de la Fille du Vent. Nous lui offrions la plus douce des enfances en compagnie d'une chamelle appelée Ourida-la-Rose. Et puis, le tintamarre voisin finissant quand même par nous influencer, nous avons exposé Saïd à la fureur des hommes. Des barbares envahissaient le campement où il dormait sous la tente de son maître. Il s'enfuyait du désert du Sahara et gagnait le désert de Gobi ou vivaient en liberté les tarpans, des chevaux très joyeux.

La joie comme la liberté, Alexandre n'avait aucun mal à les décrire et moi, si lente d'habitude, c'est bien simple, à sa suite, je galopais. Les aventures de Saïd se bousculaient sur la page blanche. Mon partenaire s'en emparait, les complétait, en ajoutait d'autres. Il tenait la barre du récit, dirigeait la quête d'un cheval qui appartenait en quelque sorte à notre famille puisque je suis née sous le signe du Sagittaire et que, selon l'horoscope chinois, l'animal emblématique d'Alexandre était le cheval d'eau. Dans le dernier chapitre de notre livre, Saïd s'éprend d'une dame dauphin (doit-on dire une dauphine?) et plonge à sa rencontre dans la haute vague, y exécute caracoles et ballotades. Bref, notre fable se termine dans la mer par une danse d'amour.

Quand le livre fut publié pour la seconde fois, en 1985, Alexandre découvrit de nombreuses analogies avec ce que l'Inde lui avait appris depuis dix ans qu'il y vivait :

« *Dire que nous avons écrit tout cela en toute innocence, cela me fait sourire et illustre assez bien, me semble-t-il ce que Jung appelait l'inconscient collectif. Nous avons puisé à notre insu dans un flot d'images appartenant à une culture dont, alors, nous ne connaissions rien et qu'à présent je possède, celle de l'Inde.* »

Dans une autre lettre, il s'amuse :

« *En relisant notre conte pour la énième fois, je me suis rendu compte que c'est en outre un vrai livre pop et ça m'a fait plaisir : les Beatles, les Moody Blues, Saïd n'est pas en mauvaise compagnie.* »

Et il s'interroge :

« *Que sont devenus les gais visionnaires de cette génération ? Tous enfermés dans des asiles ? Recyclés en bourgeois? Mais leur grande queste alors? Et cette voix si nouvelle qu'ils ont fait retentir, n'en reste-t-il donc rien? J'ai changé, j'ai évolué mais j'ai fait à ma manière partie de ce mouvement et, sais encore aujourd'hui tout ce que je lui dois.* »

Alexandre, un hippie? Et qui cela pouvait-il étonner? Pas moi, dans tous les cas, bien qu'à cette étape de nos vies respectives, nous ne nous fréquentions pas beaucoup pour ne pas dire pas du tout. Je l'apercevais de loin en loin dans le paysage de notre arrondissement commun, il avait laissé pousser ses cheveux et portait (déjà) des kurtas. Au cou, comme la plupart des garçons de l'époque, des colliers de filles.

De mon vivant, si j'ose dire, il avait publié un roman, *Le Désir*, que les pisse-froid de l'époque avaient jugé scandaleux. L'action se passait à Rome, place d'Espagne. Un habitué des célèbres escaliers, Dino, tombait amoureux de son client *made in USA*, Jasper, lequel, dans ma tête, possédait le look irrésistible de Robert Redford dans *The Way We Were, Nos plus belles années.*

L'ami Dostoïevski avait fourni l'exergue : « Vivre n'importe comment mais vivre » (*Crime et châtiment*) et il avait été entendu. Dans la chaude nuit romaine, le faux Redford et Dino avaient su vivre n'importe comment. Et, bien sûr, à la fête, avait succédé un inextricable gâchis. « Mes héros sont des déchus, avait signalé l'auteur en quatrième de couverture, et je suis certain que les déchus éprouvent plus profondément les choses que les autres. Ils marchent la vérité à la main dans un monde où la vérité n'existe plus. »

Venus de tous bords, de toutes générations, nombreux furent les lecteurs du *Désir*. J'en connais – ils me l'ont dit – qui n'en ont rien oublié. En 1997, à la sortie de *Promenade en Inde*, le critique Gilles Brochard rappela, dans un magnifique article paru dans *La Voix de France*, combien il avait été frappé trente ans plus tôt par la « stupéfiante vitalité » du roman de Kalda.

Je n'ai pas ouvert *Le Désir* en 1996. L'éloge de Brochard me tombe sous la main et m'incite à le faire aujourd'hui. Sans m'en rendre compte, sans lever la tête je viens de lire les 297 pages écrites par un garçon de vingt-six ans qui en aurait plus de soixante aujourd'hui. Vitalité, audace, recherche de la vérité qu'il prête aux déchus. Son programme d'existence est là, intact et puis voici la fin que je recopie, pardon, sans en changer un mot. Dino se retrouve dans la mer, et « il nage avec la seule idée de nager éternellement dans la nuit. Il viendrait bien un moment où il serait juste au milieu de la mer, les côtes seraient invisibles, le monde n'existerait plus, il n'avait plus besoin de rien, il n'aurait plus jamais aucun besoin. »

Ai-je interrompu ma lecture sur ces mots : « plus jamais aucun besoin » ? Je l'avais fait, me semble-t-il, il y a quarante ans. J'avais dit, d'une voix que je voulais détachée :

— J'ai eu peur. Pauvre Dino, il allait se noyer, non ? Tu as songé à le laisser se noyer ?

Honnêtement je n'ai aucun regard d'Archaka à remettre dans ma mémoire en guise de réponse à ma question, ma stupide question. J'en suis réduite à me contenter de la dernière phrase du livre : « Il se ressaisit à temps et, faisant face aux lumières de la jetée, acceptant ce qu'elles impliquaient, il se mit à marcher vers la plage. »

Vers la plage, vers la vie. Dino avait choisi de vivre, lui.

Après *Le Désir*, rebelote, Alexandre nous offrit *L'Extase du Verseau*. Là, en compagnie de quelques parias dénudés, Dino revenait sur le devant de la scène. Nouvelle bonne dose de piment érotique. Et la plage. Et la mer.

Quelques mois plus tard – et je me souviens de ma stupeur – je reçus *Le Cantique de l'éternité*, long poème en prose que Robert Sabatier, directeur littéraire d'Albin Michel, publia et qui l'emballa suffisamment pour qu'il l'accueillit par la suite dans son *Histoire de la poésie française* avec cette mention : « Un chant initiatique qui s'égale aux plus grands chants mystiques et religieux. »

De quelle source avait-il coulé, ce *Cantique de l'éternité*? Que signifiait ce chant mystique écrit sans doute au son de la musique des Moody Blues? Je me souviens d'une phrase qui me parut très belle : « Je suis la pluie d'étoiles dont ruisselle mon front. » Les bergers de la crèche avaient eu droit à une étoile. L'écrivain des parias s'était offert une pluie d'étoiles. Restaient à découvrir le ciel où elles brilleraient pour lui et la terre d'où il pourrait les contempler, son Sahara, sa plage.

A partir de là, me semble-t-il, le destin de mon jeune ami s'emballe. Tout d'abord, rétablissement complet de nos bonnes relations. J'en profite pour l'inviter dans ma maison de la forêt. Il accepte et, un soir, me gratifie d'un cours magistral sur Sri Aurobindo. Connaissant mon mince appétit pour les nourritures mystiques, Alexandre commence par me présenter l'homme Aurobindo : le Bengali parti faire ses études à Cambridge, revenu dans sa patrie bardé de diplômes, grec, latin, littérature française. C'est un fin lettré que l'on pense promis à un grand avenir, mais voilà, les Anglais qu'il aimait bien à Cambridge lui sont insupportables en Inde. A l'inverse de Gandhi, Aurobindo prêche la révolution par les armes. Les sujets coloniaux de Sa Gracieuse Majesté l'ont à l'œil et finissent par l'enfermer dans une manière de cage où même un gorille serait devenu fou.

Aurobindo prisonnier appelle peut être Homère, Sophocle ou Platon à son secours. Mais il a eu le temps de lire les Ecritures sacrées de son pays et d'abord la *Gîta*; c'est un hindou convaincu qui s'abîme en méditation derrière les barreaux de sa cage. A la violence succède le silence, je trouve ça romanesque, et surtout émouvant. Alors Alexandre m'en dit davantage, se lance dans une claire explication de ce qui a suivi l'emprisonnement d'Aurobindo par les Anglais, la fondation de l'Ashram à Pondichéry. Et il conclut par ces simples mots : « Je voudrais bien partir là-bas. »

Il n'est ni exalté ni anxieux. Il y a de la détermination dans son sourire, mais aussi la juste dose de sérénité. Et moi qui vais tant regretter sa présence, nos échanges de vues, nos discussions, tout ce qui fait le sel de notre amitié, je dis que je suis contente mais je ne le suis pas.

Nanti d'un passeport au nom de Jehan de V., alias Alexandre Kalda, et d'un visa dont on ne me signalera pas la durée, l'admirateur de Sri Aurobindo s'envole (c'est le verbe qui convient) pour l'Inde dans la première quinzaine de décembre 1975. Il a repris des forces dans ma campagne, il est moins maigre que lorsqu'il célébrait le *Flower Power*, les joues moins creuses. Il n'a pas emporté de valise, il déteste toujours les bagages encombrants. Parmi ses livres préférés, quel est celui qu'il a enfourné dans son sac de marin à côté de sa brosse à dents et de sa petite machine à écrire : *Guerre et paix*? *Les Possédés*? *Le Serpent à plumes*? *Germinal*? Le théâtre de Tchekhov? Je crois me souvenir que seul Tchekhov a été du voyage. Je l'accompagne à Orly (est-ce déjà Roissy? encore un blanc dans ma tête), on ne se parle pas et cela deviendra une habitude, on ne se parlera pas au moment des séparations. Ce que j'ai à dire est indicible. Et lui ne promet rien. N'augure de rien. Il est très calme, décidé à vivre l'aventure que lui offre le destin (et moi j'ai été tentée de dire le hasard), sinon avec fougue, tout au moins avec toute la lucidité désirable. Des années plus tard, il m'écrira :

« *Il n'y a pas de hasard, tout est d'avance établi. Nous ne sommes que les acteurs – inconscients – d'une pièce dont le dénouement déjà composé nous émerveillera les premiers.* »

Autre actrice dans cette pièce d'où le hasard est exclu : la propre petite-fille de la Mère. De passage à Paris, elle avait lu les chroniques déjà très pertinentes qu'Alexandre avait consacrées à la spiritualité indienne et publiées dans *Le Figaro* grâce à notre ami commun, Jean Chalon. Emballée, Françoise (de son nom sanskrit : Pourna) avait encouragé le jeune chroniqueur à s'embarquer pour Pondichéry. Elle s'engageait à faciliter son établissement dans le célèbre Ashram dont sa grand-mère avait été, je l'ai déjà dit, outre la cofondatrice, une remarquable administratrice.

Du premier voyage de mon ami vers le sous-continent – qu'il appellera plus tard la terre de son âme – je ne saurai que le strict minimum. L'avion qu'il avait pris à Paris était bien arrivé à Bombay. Un délégué de l'Ashram l'avait accompagné dans le train Bombay-Madras, puis en voiture, de Madras à Pondichéry. De ce premier contact avec la foule indienne, que dis-je, avec le grouillement indien auquel je ne connais rien de comparable, Alexandre ne me racontera rien. Rien non plus sur son mentor, Maurice Shukla, qui deviendra un ami. C'est tout juste s'il expédie en trois mots, pour m'amuser, l'incursion d'une armée de petits singes pendant un arrêt de train.

Même avarice de précisions, même flou dans ses lettres sur sa vie de tous les jours pendant les deux premières années de son séjour en Inde. Rien sur Golconde et la géniale *cross ventilation* inventée par Antonin Raymond pour combattre la terrifiante chaleur. Rien sur le frangipanier qui embaume en temps voulu devant sa chambre, rien sur l'arbre-service au-dessus du Samadhi et rien sur le Samadhi. Pas un mot sur la température de l'eau dans la baie du Bengale. En revanche, de la mousson il me fait un tableau magistral et j'en déduis, non sans quelque amertume, que finalement le seul bel événement de sa vie en Inde, c'est la mousson. Je rouspète : tu es heureux ?

— Je travaille.

Il travaille. Tous les jours et presque toute la journée. On lui soumet des textes de Sri Aurobindo, des biographies, des articles ; il traduit, adapte, rédige. On va jusqu'à lui confier la composition d'un dictionnaire sanskrit. Il déborde de bonne volonté et de vaillance. Je demande de nouveau : es-tu heureux ? Il me répond des choses très sérieuses dans le genre :

« *Je crois que le moment est venu à présent d'introduire le sentiment de l'Inde.* »

Ou encore :

« *Le besoin ne peut que grandir d'un contact vivant avec l'Inde.* »

Un contact vivant avec l'Inde. Le sentiment de l'Inde. Ne pas oublier que ces phrases ont été écrites il y a trente ans. Or, on les voit fleurir aujourd'hui, un peu partout dans la presse et dans l'édition. Portée par un essor économique qui tient du prodige, l'Inde s'avance avec la régularité d'un puissant vaisseau à la rencontre des Occidentaux et leur offre tout ce qu'une nation, la plus ancienne du monde par ses traditions et la plus jeune par sa renaissance à la liberté, peut offrir. Au fil des récentes décennies, ce n'est plus seulement la mystique de ses maîtres spirituels qui est recherchée, c'est tout ce qui en découle, une sagesse protéiforme qui s'immisce partout dans les choix de vie, les attitudes à prendre, les préférences à respecter.

Englouti sous la pile de livres qu'on a entassée sur sa table, passionné par ce qu'il y découvre, le jeune Français n'a guère le temps ni l'occasion de matérialiser ses découvertes. Il est trop généreux pour se plaindre mais il aimerait bien nourrir son « sentiment pour l'Inde » d'un peu plus de vie. Il décide de patienter. Il m'écrit :

« *Quel cadeau m'a fait l'âme de l'Inde lorsque Nolini-da, le jour de mon anniversaire, m'a donné le nom d'Archaka, ce nom que je porte comme un titre, en lequel je reconnais tout un programme, une explication et une devise.* »

Et il enchaîne sur Nolini-da (le suffixe *da* est une marque de respect pour les hommes dans certaines langues de l'Inde, dont le bengali, tandis que l'on emploie le suffixe *di* pour les femmes, par exemple, Sunayana-di) :

« *Il parle très peu, d'une lente voix profonde et chacun de ses mots a une force considérable car il est le plus grand yogi vivant et un yogi ou un sage, au sens indien, c'est celui qui s'est hissé au-delà de l'humain et vit dans la lumière de la vérité originelle des choses.* »

Archaka me présenta à Nolini-da lors de mon premier séjour en Inde, dans les premiers mois de 1979. Le plus grand sage de l'Inde recevait ses visiteurs dans la chambre-bureau qu'il occupait à côté du Samadhi. Un parfum de tubéreuses et de jasmins s'associe donc dans ma mémoire à l'apparition de l'homme dont Archaka nous confie, dans *Promenade en Inde*, qu'il fut le premier ami de sa nouvelle vie. Etourdie, comme d'habitude, ou trop impressionnée, ça m'arrive aussi, je n'ai pas retenu les mots portés « par la lente voix profonde », j'étais trop occupée à étudier ce qui se passait sur le visage d'un yogi. Celui-ci était différent, singulier. Il ne portait pas de barbe mais une lourde moustache. Aurobindo, je le répète, aurait été un modèle idéal pour Léonard de Vinci. Ou Dürer. Nolini ressemblait à Einstein.

Les deux yogis, au nom de la liberté de l'Inde, avaient été des révoltés armés. Des terroristes en quelque sorte, et si j'avais été capable de sortir de mon mutisme c'est de cela que j'aurais parlé à Nolini-da. Aurais-je eu droit à une réponse proférée « par la lente voix profonde », tandis que « dans les yeux couleur d'argent » se serait mise à scintiller la malice qu'y lisait son ami Archaka? De cela comme de tant d'autres choses je resterai ignorante.

Petite consolation, je viens de lire une récente biographie de Sri Aurobindo écrite par un Anglais, Peter Heehs (Le Rocher), et j'y ai recueilli une anecdote qui m'a plu : quand ils débarquèrent à Pondichéry avec le soutien des Français du lieu, Aurobindo et les quatre fidèles qui avaient fui les Anglais dans son sillage n'avaient pas un sou vaillant, pratiquement pas un bol de riz à avaler.

— La situation présente est que nous ne disposons en tout et pour tout que d'une roupie et demie, déclara le sage et avec l'humour qu'on lui prêtait (une vertu très appréciée en Inde chez les dieux comme chez les humains). Sans doute Dieu y pourvoira mais Dieu a contacté la déplorable habitude d'attendre le dernier moment.

Alors, aux quatre disciples dont l'estomac crie famine, l'ancien diplômé de Cambridge propose une nourriture d'un genre spécial : des cours de grec suivis de cours de latin et, en guise de dessert, puisque la terre qui leur sert de refuge est restée française, un cours sur la littérature de notre pays. Ce repas de l'esprit avalé, le quatuor tire toujours la langue. Nouvelle initiative d'Aurobindo : il a appris que les habitants de Pondichéry, les Tamouls, sont friands de football. Pour un seul match ils sacrifieraient leurs réserves de roupies. Il est donc recommandé, sinon indispensable, que les futurs sages apprennent sans tarder l'art du ballon rond. Ils apprennent très bien. Deviennent, à peu de chose près, des champions. Nolini excelle à l'aile droite. Il ne jeûnera plus. Il n'en méditera que mieux.

Pourquoi Archaka ne m'a-t-il pas confié cette jolie histoire? Elle concorde si bien avec la philosophie qu'on lui a enseignée là-bas. Le corps doit être surveillé, respecté, fortifié, les muscles régulièrement entraînés.

L'âme a besoin de leur secours.

Dans une longue lettre, il me raconte comment, à l'âge de trente-trois ans, il se mêle régulièrement à toute la population de l'Ashram, vieillards et enfants compris, pour exécuter sur le terrain de sport de savants (ou moins savants) mouvements de gymnastique.

Suit un hommage à l'aisance corporelle des Indiens :

« *Tout le monde ici est si délié, si rapide, si intelligent physiquement.* »

Il compare avec ce que lui laissaient apprendre, dans ses différents collèges, les Bons Pères.

Il ironise sur la lourdeur de ses réflexes et termine ainsi :

« *J'apprends patiemment, quelques rudiments qui me deviennent autant de victoires et de trésors. Peut-être que dans cinq ou dix ans je serai parvenu à maîtriser quelque chose de cet inconnu que m'est depuis toujours mon corps.* »

La lettre entière est très drôle. Et me permet d'aborder à la période de sa vie en Inde où il a été le plus joyeux, le plus content, le plus épanoui. Sous l'influence bénéfique de Nolini-da, on l'a libéré de ses dossiers par trop écrasants. Bien sûr, il continue à traduire les ouvrages de Sri Aurobindo et de Nolini-da (il y en a tellement), mais désormais il enseigne.

Et il enseigne à Knowledge, une école qui ne ressemble à aucune autre, où affluent les étudiants de la dernière heure, c'est-à-dire ceux qui en ont terminé avec le programme de base (l'équivalent du bac plus la maîtrise de deux ou trois langues indiennes et de deux langues occidentales au minimum) et qui pourraient très bien retourner au Bengale, en Orissa ou plus loin épouser le conjoint choisi par papa-maman et tenter de gagner leur vie, mais beaucoup d'entre eux freinent des quatre roues, ils ne se résignent pas à ne plus apprendre. Et Knowledge pour cette catégorie d'êtres-là est une mine d'or. On ne leur demande que de se composer un programme et de se diriger calmement bravement vers le professeur dont on leur a vanté les connaissances et l'art de les exposer.

Choisi de préférence à tout autre, ce professeur devient sans tarder l'ami de ses étudiants, leur frère. A peine Archaka est-il devenu le professeur de français d'une demi-douzaine de garçons et de filles aux yeux brillants qu'on a une fois de plus modifié son nom : on l'appelle Archakbhai puisque *bhai* signifie frère. Et il m'écrit :

« *Quelle grâce toute spéciale que d'avoir été requis de donner en partage tout ce que je sais de la langue française à ces jeunes Indiens que renouvelleront les ans autour de moi, prolongeant sans fin l'âge pour lequel je suis né.* »

L'enfance qui lui a été volée va lui être rendue. Face à ces jeunes gens qui boivent ses paroles, il va enfin vivre les rêves taris à la source. Il m'écrit :

« *Je ne suis guère plus âgé que mes étudiants et me sens parfois plus jeune. J'ai l'âme que je rêvais d'avoir lorsque j'étais enfant.* »

Toutes les connaissances qu'il possède, en histoire, en littérature, en musique, en sciences (il est passionné d'astrologie, d'astrophysique et de paléontologie), il les a engrangées de manière anarchique, au fil de rencontres qui lui ont plu, suivies de vifs et sincères coups de cœur. Mais, il en est très conscient, il faut aller plus loin, il va s'y employer :

« *Je ne puis enseigner les valeurs occidentales sans aller moi-même jusqu'aux racines de ces valeurs. Et je suis si effroyablement inculte, n'ayant pas eu le goût d'étudier au collège, trop occupé que j'étais à m'enfanter écrivain, trop entravé aussi par des méthodes inefficaces et surannées, un enseignement uniquement et despotiquement cérébral. Sans le formuler avec des mots, j'ai aspiré, adolescent, à un autre système pédagogique qu'est celui-là même de l'Ashram.* »

Il se remet à lire, il lit à corps perdu, comme on le fait à l'adolescence. Toutes les bibliothèques de l'Ashram y passent et les livres qu'il me réclame et que je lui envoie de Paris, plus d'un paquet par mois. Il s'est renseigné, il est au courant de toutes les collections chez tous les éditeurs. Je n'ai plus qu'à commander, poster et je reçois des lettres comme celle-ci :

« *Je me suis mis à la lecture d'Euripide dont j'ai déjà dévoré dix tragédies (quoi de plus grandiose que* les Troyennes*). Du coup j'ai mis Euripide au programme d'un de mes groupes : nous étudierons son Iphigénie à Aulis. En même temps que l'*Iphigénie en Aulide *de Racine.* »

Autre menu pour un autre groupe :

« *Nous fréquentons Beaumarchais, j'ai mis* le Barbier de Séville *au programme, ce qui fait que l'on s'amuse beaucoup. Nous rêvons, méditons avec Musset que tous ils aiment spontanément, nous nous passionnons pour les aventures de Fabrice del Dongo et nous nous apprêtons à écouter chanter le rossignol des* Vrilles de la vigne. »

Et il insiste :

« *Je n'ai jamais cru à la confection ni à l'uniforme en matière d'enseignement. Je m'adresse à chacun de mes étudiants selon sa personnalité propre. Mon Dieu, j'ai toute une vie de charme et d'exploration devant moi !* »

Toute une vie.

J'ai assisté à bien des cours donnés par Archaka à Knowledge. Il en parle si clairement dans *Promenade en Inde*, je ne vais pas en rajouter. Mais comment me refuser l'image de la grande salle où pénétraient, imitant les vents de la mer, tous ceux qui le désiraient ?

Je ne me souviens pas d'un seul bruit de porte battue, je ne me souviens que de l'aire à la fois vivante et recueillie et de la table d'Archakbhai, autour de laquelle, contrôlant leur impatience, se pressaient de jeunes Indiens que je trouvais, garçons comme filles, tous beaux. L'arrivée du professeur-bhai faisait vite glisser un sourire sur les visages jusque-là concentrés des étudiants assis à d'autres tables que la nôtre. Très vite, les yeux se tournaient vers nous, vers lui. Une aile passait. Puis venait le signal, celui de la jubilation.

Dans le journal de l'Ashram, *Mother India*, Maggi Lidchi-Grassi, elle aussi professeur à Knowledge, a écrit ceci en 1996 quelque temps après la disparition d'Archaka : « *There was always a feeling of light and delight about his table. The faces of his students glowed. There was a liveliness and joy about them all.* »

Dois-je traduire ? Ne crèvent-ils pas le papier les mots choisis par Maggi ? « *Feeling of light and delight. Liveliness and joy.* » Tout Archaka est contenu dans ce *light and delight and joy.* Je me souviens d'un cours consacré à Molière, précisément au *Malade imaginaire.* Et d'un élève particulièrement satisfait d'être là. Il avait un sourire énorme, d'un blanc violent (les dents indiennes sont souvent des beautés, les caries les ignorent) et Ramkishore, c'était son nom, aurait pu servir à la publicité de toutes les pâtes dentifrices du monde. Le voilà donc aux prises avec une réplique du *Malade imaginaire* qui a soulevé l'hilarité de tant de spectateurs et pas seulement de l'Inde : « La matière est-elle louable ? »

Je vous épargne la description de l'accent indien colorant cette phrase. Je vous parlerai seulement du rire de Ramkishore et de celui d'Archaka et des autres élèves. Et de l'atmosphère dans la grande salle commune de Knowledge transformée soudain en théâtre. Pour continuer la fête il arrivait au professeur Archakbhai d'emmener ses élèves dormir à la belle étoile dans le joli jardin de l'Ashram, Matrikounj, près d'un bassin couvert de lotus, et alors, si la mousson avait été clémente cette année-là, quelle nuit pour Ramkishore et tutti quanti sous un second jardin, celui des étoiles.

Autres sources de *light and delight* pour les élèves d'Archaka : les cours de musique occidentale. Ils en raffolaient et cela rendait leur professeur-frère particulièrement heureux. Conséquence de l'aride éducation qu'il avait reçue ou simplement cadeau de la Providence (évidemment il ne disait jamais Providence), la musique habitait Archaka. Toutes les musiques et tout de la musique. Si bien qu'il parvenait à communiquer ce qu'il savait et ressentait avec des mots d'autant plus efficaces qu'ils n'étaient que spontanéité, simplicité, ferveur.

J'assistais à ses cours de musique lorsque je séjournais à l'Ashram. Cela ne se passait pas à Knowledge, où le concert aurait quand même dérangé les autres étudiants, mais ailleurs, dans une salle vide de l'école ou de quelque autre bâtiment et garnie de chaises ou de rien du tout. Dans ce dernier cas, professeur et élèves (et auditrice) s'asseyaient à même le plancher ou le carrelage. Encore une douce image à fondre dans ma vieille cervelle.

Je parcours du regard l'assistance, ces Indiens de bonne volonté habitués aux tablas et aux tampouras libérant un flot musical né dans la nuit des temps et qui n'a rien à voir avec ce qu'ils vont entendre. Ils ne s'en recueillent que mieux. Nul ne se recueille avec plus de naturel et de célérité que l'Indien. Ni avec plus d'abandon. Ils sont toujours en moi les visages de ces enfants immergés à l'avance dans l'émotion que suscite la musique. Archaka a mis en marche l'appareil d'où va s'échapper le son, le prodige, et c'est, par exemple, je cite au hasard, quelques-unes de ses préférences : le mouvement lent du neuvième concerto de Mozart. Ou un quintette de Schubert, Archaka vénère Schubert. Ou un quatuor de Haydn. Ou du Vivaldi, du Brahms, ou encore Mozart et Beethoven et Bach et Monteverdi et Purcell.

Dans les années quatre-vingt, Archaka ne

donnait ses concerts qu'à bord, si j'ose dire, d'un lecteur de cassettes susceptible de s'étouffer un peu ou de ronfloter légèrement. Il en était désolé, accusait le ciel des tropiques, leur humidité, mais il se plaignait en riant et ses élèves, depuis toujours habitués aux farces des dieux, ne se plaignaient pas du tout, au contraire, ils débordaient de gratitude. Merci, merci, merci. Et Ramkishore s'écriait : « Encore Archakbhai, faites-nous encore entendre Dieu. »

Ramkishore ou son voisin. Ou d'autres auditeurs.

Pourquoi pas ces deux élèves chers à son cœur qu'Archaka présente dans *Promenade en Inde :* Ishwar et Shyam ? Leurs noms ont été changés. Je les ai rencontrés à l'heure où Golconde permettait les visites, vers trois heures de l'après-midi.

Comme ma chère amie Sunayana, Ishwar venait d'Orissa et Archaka nous signale que les Oriyas sont avec les Tamouls les « habitants les plus chaleureux de l'Inde, et certainement les plus simples, les plus directs et les plus travailleurs ». Ishwar, de surcroît, est un « intellectuel de grande race ». Il confie à son professeur qu'il veut partir, un jour, plus tard mais pas trop tard, méditer dans la solitude des glaciers de l'Himalaya. En attendant ils ont tous deux de longues discussions sur la liberté de l'âme. Tant pis pour moi, je n'ai pas été conviée à ces discussions. En revanche, dès notre première rencontre, Iswhar m'a dit qu'il écrivait un essai (ou une thèse) sur Apollinaire. Il avait un teint très pâle pour un Indien, un regard à la fois perçant et impénétrable. Son français était pur de tout accent. Je n'ai pas osé lui demander de me réciter : « L'anémone et l'ancolie ont poussé dans le jardin où dort la mélancolie. » Ni l'ancolie ni l'anémone ne sont fleurs de l'Inde et la mélancolie style Apollinaire n'a pas cours chez les Indiens. Où est Ishwar aujourd'hui ? Est-il parvenu là où il voulait arriver, à l'exemple des rishis des temps anciens, près d'un glacier de la fabuleuse montagne que la pollution de notre abominable société de consommation aura, espérons-le, épargné ? Je l'imagine, insensible au froid, face au gigantesque décor de cristal. Il médite sur la liberté et soudain, la liberté faisant son travail, voilà Ishwar qui lance, dans son français parfait, à l'adresse de celui qui fut son professeur et ami à Knowledge : « Souviens-toi que je t'attends. »

Quant à Shyam, l'athlète au visage d'archange qui chantait les mélodies de Tagore, je ne peux rien ajouter à ce qu'écrit Archaka au sujet de ce « corps-âme ». Cela se trouve dans *Promenade en Inde.* Devant les spectateurs de l'Ashram pétrifiés dans le silence, Shyam se prépare à sauter à la perche. Il prend son essor, s'envole, plane. Instant de grâce qu'Archaka sait, par les mots choisis, rendre aussi poignant que cet autre instant où dans un anonyme studio d'enregistrement s'élève la voix de Régine Crespin, son à l'état pur qui rend irréel tout ce qui l'entoure.

Tiens, j'allais oublier. Shyam, le perchiste, savait aussi jouer de la flûte et Archaka disait :

« *De la plus petite à la plus imposante, la flûte était l'instrument qui pouvait le mieux ouvrir les portes de l'âme de la musique indienne au néophyte occidental.* »

Il y eut de nombreux flûtistes parmi les amis que se fit Archaka pendant sa vie en Inde. Donc, il y eut Shyam, demi-dieu du stade qui chantait également, je l'ai dit, les mélodies de Tagore. Puis il y eut cet autre élève venu guetter un des retours de France de son prof et qui resta deux jours et une nuit à patienter aux alentours de Golconde, une mangue en guise de cadeau d'une main, sa flûte pour le concert de bienvenue dans l'autre. Enfin il y eut Videjadhar, le plus pauvre de tous bien qu'il fût fils de prêtre et par conséquent membre de la caste la plus haute.

Et Videjadhar qu'Archaka appelle Vaisseau (puisque en sanskrit *videjadhar* signifie vaisseau de la Connaissance) s'est enfui de son village d'Orissa pour vivre à l'Ashram « sa relation unique et personnelle avec Dieu ». Il travaille dans une imprimerie pour deux roupies par mois, inutile de chercher à quoi cela correspond en francs ou en euros. Même si nous sommes encore dans les années quatre-vingt, c'est effarant, ce n'est pas beau. Pas beau non plus (mais d'où vient cette injustice ? La Mère ne l'eût pas admise) que, considéré comme un travailleur payé, Vaisseau n'ait pas accès aux terrains de jeu ou de sport de l'Ashram. Son seul refuge : une chambre de la taille d'une penderie, trop petite pour lui et il n'est pas vraiment grand. Quand il quitte l'imprimerie, il étudie la philosophie de Sri Aurobindo et fait du karaté.

Archaka l'entraîne avec certains de ses élèves se baigner dans la baie du Bengale. Le bain commence parfois au milieu du rivage, à la hauteur de la statue de Gandhi, et les baigneurs sortent de l'eau devant le terrain de sport d'où Vaisseau est exclu.

« *L'autre jour*, écrit Archaka, *après le bain, il m'emmène voir sa chambre-placard. Je ne dis rien, il me fait asseoir sur le lit, s'installe en face de moi sur la seule chaise de la chambre. Il prend sa flûte et se met à jouer de tout son cœur un rag très beau, très simple, très serein. Soudain c'était l'Inde profonde et vraie, l'âme de l'Inde qui se manifestait, émanée depuis le fond des millénaires. Je regarde ses yeux. Le plaisir que j'y ai lu ne peut se décrire. Il était comme enivré de la paix que racontait sa musique. Il est loin de jouer parfaitement et je crois que c'est cette naïve imperfection de son jeu qui le rendait si prenant. Je regarde les doigts caressant la flûte, je regarde les pieds, leur position sans défaut comme s'il s'était immobilisé dans une figure de danse.*

Il est tout entier dans l'intemporel et l'immémorial. Et en même temps, conscient de moi, il me sourit sans cesser de jouer et me donnant, en jouant, tout ce qu'il possède. Alors, à mon tour, je te le donne, je t'en donne l'image car ça aussi, et surtout, c'est l'Inde.

S'il t'arrive de te demander si j'ai trouvé dans cet immense pays ce que je cherchais humainement (divinement tu le sais) pense à cette chambre minuscule où sans nulle mise en scène ce garçon a joué pour moi de la flûte avec assez d'abandon pour que je perçoive ce qu'il ne sait même pas posséder. »

Archaka n'a pas pris le train pour se rendre en Orissa, patrie de son protecteur Nolini-da et de ses élèves qui jouaient si bien de la flûte. Dommage, moi qui suis toujours en quête de visages et de couleurs, je lui aurais bien emboîté le pas. Deux ou trois jours et deux nuits ou trois à dériver sur un nouveau long ruban de terre indienne, il en aurait fallu bien davantage pour venir à bout de notre patience à tous deux. J'ai déjà dit que pour Archaka le temps ne comptait pas, qu'il ne le mesurait pas à la même aune que les autres mortels. A force de le suivre dans ses raisonnements comme dans ses allures, je n'étais pas loin de penser la même chose.

Un jour il m'avait écrit :

« *Le monde indien même si on le visite n'est pas un monde touristique. L'Inde est la terre des dimensions intérieures. On a besoin de s'abandonner pour recevoir ce qu'elle donne. Sinon on ne s'immerge pas comme il faut dans sa touffeur et son mystère.* »

Et, bien sûr, j'applaudissais. Pas plus qu'Archaka (et je ne nous considérais pas comme des exceptions) je n'étais attirée par les tentations qu'offrait ce qu'il appelait « le monde touristique ». Si j'avais été plus maligne ou mieux organisée (je suis rarement ça) j'aurais prié Sunayana de nous entraîner elle-même, hors du « monde touristique », dans le pays où elle était née. Mais elle était prof d'anglais au lycée français de Pondichéry et ne pouvait nous accompagner qu'à la période des vacances, c'est-à-dire au mois de mai, quand le soleil des tropiques n'a plus aucun sens de la mesure. Sous son feu devenu fou, on ne pense jamais à faire des projets. Ni des bagages.

Alors Videjadhar pourquoi pas? Pourquoi Vaisseau de la Connaissance aurait-il refusé de quitter sa chambre-placard et de conduire auprès de son père, carrément dans le temple où officiait ce prêtre consacré, je crois, à Shiva, le cher Archakbhai et la Ma française? Petite mise au point : la majorité des personnes qui ne sont plus des jeunes filles sont automatiquement appelées Ma par les jeunes Indiens. Ma. Mama. Maman. Mother. J'ai des amies, elles me l'ont confié, que ce Ma ne dérangeait pas, cela les attendrissait. Moi, au contraire, cela m'agaçait pas mal (je ne suis pas toujours gentille) mais je faisais de mon mieux pour n'en rien montrer. Archaka, de toute façon, planait au-dessus de ces contingences.

Voici une nouvelle citation tirée d'une de ses lettres. Il y a longtemps que je brûle de la transcrire, je l'ai apprise par cœur. Elle me soutient, m'a soutenue tout au long de l'écriture de ce texte :

« *Nos projets ne dépendent pas de nous mais de ce qu'en Inde on appelle la* lila, *le Jeu du Divin, où nous apparaissons comme les images d'un rêve, disparaissons et réapparaissons jusqu'à tant que nous sachions que nous sommes nous-même les rêveurs.* »

Le Jeu du Divin. J'adore cette formule, l'association de ces deux mots, la part d'imprévisible et de fantaisie – et par conséquent de liberté – qu'elle implique et qui fait de nos projets sur terre, des plus ambitieux aux plus modestes, quelque chose comme une partie de colin-maillard. Ou de cache-cache dans le noir. Et Dieu en est l'arbitre. Et Dieu ou les dieux? Allons, soyons larges, hospitaliers, tolérants, acceptons, comme arbitres, Dieu entouré des dieux, ils s'entendent bien mieux qu'on ne le dit. Alléluia.

Les dieux de l'Inde n'ont pas pensé à nous faciliter le voyage en Orissa. En revanche ils étaient présents, de Vishnou à Ganesh et de Shiva sous tous ses avatars à Kali, chaque fois que nous décidions de nous évader au gré des routes cabossées (il paraît que ces temps-ci elles se sont beaucoup améliorées) du Tamil Nadu et du Karnataka. Puis de celles qui rayonnent dans le Kerala.

J'ai retrouvé le cahier rouge sur lequel j'ai consigné notre première équipée. Souvenir, souvenirs. Nous sommes en 1979, au début du mois de mars, il fait déjà très chaud, qu'importe, j'ai envie de regarder une autre Inde que celle de l'Ashram et Archaka ne songe pas à me dire non. Nous partons à cinq. Nos compagnons de voyage sont : Vishvar, un ashramite qui déborde de complaisance et de bonheur de vivre ; Chantona, dite Chanto, petite Bengalie vive, drôle, rieuse et mariée à un ami d'Archaka, français lui aussi et lui aussi passionné de musique. On nous a prêté une voiture de l'Ashram. Chromes étincelants, capot qui luit comme le dos du poisson que l'on vient de pêcher, j'ai oublié la marque de ce très vieil engin cent pour cent *made in England.* Qui en a fait don à la Mère ? Pavitra, le polytechnicien français dont la famille était riche ? Udar, le sadhak dont la femme était anglaise ?

Je me suis créé ma propre version ou mon roman personnel au sujet de ce cadeau : la voiture dans laquelle nous roulons depuis Pondichéry devrait appartenir à Margot Fonteyn, la divine ballerine anglaise, étoile du Sadler's

Wells Ballet que j'ai interviewée un jour, avant le déluge. Je crois me souvenir qu'elle a vécu enfant dans un jardin près de Bombay. Le plus beau des jardins, avec des frangipaniers, des flamboyants et des buissons de jasmins. A Covent Garden et le soir, après le spectacle, une voiture de la même famille que la nôtre, aussi bien astiquée, reluisante, venait chercher Dame Margot.

Elle avait dansé le rôle principal du *Lac des cygnes* ou celui de *La Belle au bois dormant* ou *Giselle*. Ainsi, les spectateurs de Covent Garden, *gentlemen* en frac ou en smoking, *ladies* empanachées avaient de quoi s'entretenir tout le reste de la soirée, la nuit suivante et les jours à venir. Parce que Dame Margot, en Wili ou en princesse-cygne, c'est un rêve assuré, la preuve que les déesses appelées muses de ce côté-ci de la planète (et la première, Terpsichore) savent jouer, elles aussi, au Jeu du Divin.

Conclusion de mon petit roman : un admirateur fervent de Margot Fonteyn désire un jour s'éloigner de l'Occident et s'initier au yoga intégral de Sri Aurobindo. Il fait part de son projet à son idole et celle-ci, tout émue à l'idée que son groupie parte pour le pays qui lui est cher, lui offre sa voiture.

Seule petite condition : sur le chemin de l'Ashram, le balletomane qui aspire à devenir un yogi aurait-il la gentillesse de s'arrêter près du jardin aux flamboyants, histoire de s'assurer que les pelleteuses du tourisme ne l'ont pas détruit ?

Le tourisme en 1979 ? Non il ne détruit pas trop encore et même il ne change rien, dixit Vishvar (l'ashramite qui voyage avec nous), à l'Inde du Sud.

La route que nous suivons n'est guère plus lisse que celle qui va de Madras à Pondichéry. Plaies et bosses se succèdent sur l'asphalte que bordent banians et manguiers. La terre est de la couleur du cuivre et partout par grappes, par essaims, par vagues, surgissent les Indiens qui sortent de leurs champs ou de leurs rizières. De temps en temps, des cocoteraies, seules notes rafraîchissantes dans cette traversée âpre, étouffante. Si nous roulons l'après-midi, le ciel est d'un bleu terrible, mais les Indiens, hommes aux jambes nues, femmes immuablement vêtues de saris, enfants de tous âges dont le seul uniforme est le haillon, ces paysans certainement très pauvres, et même, misérables, n'inspirent pas la pitié. Ils marchent sans se presser au beau milieu de la route, indifférents aux hurlements des avertisseurs.

Aucune hostilité sur leurs visages, presque pas d'étonnement, à peine de curiosité. Pour mieux nous accepter on préfère nous regarder sans insistance, et ceux qui nous sourient, sourient dans le vague, comme aux anges plutôt qu'aux gens.

Même si elles transportent des fagots de bois et des ballots de paille de riz plus hauts qu'elles, même si sur leurs têtes sont posées des corbeilles énormes, les femmes qui s'écartent, plus soumises que les hommes, et longent les bas-côtés de la route n'ont pas l'air accablé. Elles ne sont pas très grandes, il y en a même de franchement petites, mais dans le ralenti de leurs gestes et de leur allure quelle beauté ! Détail à ne pas laisser de côté : elles sont pour la plupart d'une minceur à faire périr d'envie les demoiselles affamées que l'Occident balourd appelle mannequins.

Dans les plus hautes branches des banians, des familles de singes. Ils batifolent, cabriolent, se mêlent aux enfants. Leurs pelages sont d'un joli blond rose, *strawberry blonde*, diraient les Américains. Personne ne songe à les faire fuir. Et les vaches se baladent comme dans les villes sans se gêner, sans se presser. Même si mes yeux d'Occidentale ne le voit pas, Krishna est là, devant le troupeau, il accompagne les vaches en jouant de la flûte, n'est-ce pas son rôle de dieu vacher ?

Seules exceptions, seuls êtres pour qui les Indiens n'ont pas d'égards : les ânes méchamment entravés qui traversent la route comme des infirmes. Et aussi, je le dirai une fois encore, pardon, mais comment le cacher. Squelettiques, poil mité, rapé, queue basse, yeux dorés pleins de fièvre, les chiens de la campagne indienne sont aussi pénibles à voir que les chiens des villes. De Pondichéry par exemple. Je fais de mon mieux pour ne pas trop râler auprès d'Archaka qui ne répond pas. Il ne répondra à ma perpétuelle interrogation que bien des années plus tard quand il aura compris le mécanisme de l'âme indienne. Et, de façon nuancée, il dira seulement : « Je crois avoir compris. » Il aime tellement l'Inde et ses habitants que jamais il ne donnera une réponse raide, tranchée s'il s'agit de critiquer.

De toute façon, en 1979 il y a tant de douceur dans son regard, il semble toujours si apaisé, si content, que je ne vais pas m'amuser à laisser traîner des ombres dans le souvenir merveilleux que j'ai conservé de cette année-là. Et tout particulièrement lors du premier voyage du Tamil Nadu au Karnataka que j'ai commencé à raconter. En dépit du temps écoulé, les noms des lieux visités remontent à la surface, me servent leur musique. J'aime entendre mes amis indiens les prononcer. Ce sont des noms qui fondent dans la bouche comme des pralines ou, tiens, plutôt comme ces pâtisseries indiennes à base exclusive de lait, un régal. Ou comme les *laddous*, sucreries faites de lentilles frites que les adorateurs de Shiva ou de Vishnou, de Ganesh viennent partager avec leurs dieux quand ils se rendent au temple en famille.

Tiruvannamalai, Sravanabalegola, Chidambaram, Darasuram, Gangaikondeladuram. Au son de ces mots ravissants bien entendu rappliquent des images. A Sravanabalegola, par exemple, voici *Le Parfait.* C'est un colosse en pierre rosée, de dix-sept mètres de haut, on le dit « vêtu d'espace », admirez la sobriété de la description. Il est censé représenter un saint et pas n'importe lequel : un saint jaïn, c'est-à-dire un rigoriste, un vétilleux qui ne plaisante pas avec le règlement des jaïns. Si vous vous imaginez que les guirlandes de pampre sculptées sur ses interminables jambes sont des parures, un ornement, vous faites erreur, ce sont des entraves. Beau comme un astre, nu comme un asticot, *Le Parfait* incarne l'impassibilité, vertu primordiale des ascètes.

Pour parvenir jusqu'à lui, il fallait (il faut sûrement encore) grimper six cents marches. Pas question de renâcler, Archaka prenait la tête du cortège et moi je suivais, comme dans la chanson de Marlborough, bonne dernière qui ne portait rien, libre de me retourner toutes les deux minutes au cours de l'ascension pour admirer, dans la lumière déclinante, les lointains d'eau et de verdure qui m'évoquaient, finesse du dessin, délicatesse des teintes, ceux qu'a peints Piero della Francesca dans la plupart de ses tableaux. Je n'invente rien, je ne fais que recopier ce que j'ai écrit dans le cahier rouge il y a trente ans. Mais avouez, voir l'Italie de l'un des plus grands peintres du monde se profiler dans la touffeur du Karnataka, quelle surprise, sûrement un nouveau tour du Divin.

Et maintenant que l'on me permette un écart dans le monde touristique. Il ne sera pas long mais comment laisser de côté Halebid, Belur, Somnathspur, les trois plus beaux sanctuaires de l'Inde ? Halebid est consacré à Shiva et à Parvati, son épouse. Belur est un hommage à Vishnou, Somnathspur également. Ces trois temples sont faits de stéatite, une pierre au grain très fin, à peu près indestructible puisque, depuis leur construction au XIIe siècle de notre ère, ces temples n'ont rien perdu de leur fraîcheur et de leur poli. En de certains endroits ils semblent de bois ciré.

Archakbhai est aussi à l'aise dans un temple du Karnataka que dans la salle commune des étudiants à Knowledge. La mythologie indienne est son domaine, il en connaît tous les secrets. Je le suis. Nous suivons le docteur en mythologie indienne. De temple en temple. De dieu en dieu. De gopura en mandapa et en vimana. A Belur comme à Somnathspur, Vishnou pose sous tous ses avatars. Tantôt lion. Puis sanglier, puis poisson. Puis singe. Il est alors Hanuman. De ses deux mains nouées il serre contre sa poitrine le disque, la conque, la masse d'arme et la fleur de lotus. Ce sont ses attributs. A quel acteur me fait-il penser ? A Jean Marais dans *La Belle et la Bête*. Ou à Laurence Olivier dans *Titus Andronicus* ? Aux deux.

Encore une image : dans ma mémoire et dans le cahier rouge, Krishna qui danse, sa jambe droite en équerre. C'est le dieu de l'amour et de la béatitude, me dit Archaka. J'aime beaucoup Krishna. Nos compagnons de voyage sont aussi heureux que nous. Vishvar a le sourire de Krishna. Chanto s'est allongée sur le sol d'un sanctuaire. Comme Vishnou sur son serpent ou sa feuille de banian. Peut-être qu'elle médite. Peut-être que tout simplement elle recherche la fraîcheur. Et moi j'erre de galerie en chapelle. Archaka m'apprend que, jadis, les danseuses sacrées avaient le droit de pénétrer dans les chapelles du temple de Sri Channokeshava, à Somnathspur. Je les imagine à la lueur de torches, au son assourdi de tablas, exécuter les figures si belles, si précises de la danse indienne. Et les yeux font partie du mouvement. Dans l'obscurité on les voit luire comme des pierres précieuses.

Nous sommes souvent retournés dans les temples du Karnataka, et chaque fois nous attendait une nouvelle surprise, l'aspect de l'avatar d'un dieu occulté à la visite précédente, une frise avec des chevaux cabrés, quel est le nom du dieu cheval ? Et d'où venait cet homme si élégant, encore un sosie de Nehru, qui déambulait sur la pierre brûlante de l'un de nos trois temples, psalmodiant des mantras sur un rythme de rap ? Il n'y avait que très peu de visiteurs en dehors de lui et de nous. Pas de parkings, donc un minimum de voitures. On ne nous avait pas prêté celle de Dame Margot mais un autre véhicule à peu près du même âge. Notre chauffeur portait un nom qui finissait par ressembler à *When I Come*. Il n'y avait pas plus noble d'allure et respectueux (sans l'once d'obséquiosité) et débrouillard et adroit que cet homme au visage et aux mollets couleur d'écorce de pin. Pieds nus, kurta d'un blanc irréprochable, front barbouillé de cendres de bouse de vache (dont le parfum s'apparente, paraît-il, à la rose), il avait célébré le lever du jour dans le temple de son dieu. Il lui arrivait de me saluer en me prenant les deux mains.

Hélas, lui aussi et il n'était pas un gamin, il accompagnait ce geste si touchant et qui me plaisait, d'un Ma répété plusieurs fois d'une voix baissée, comme une confidence. Je me gardais de soupirer.

De 1978 à 1995, date de notre dernière escapade jusqu'à Madurai, je n'ai pas vu changer le paysage dans le Tamil Nadu et au-delà. Même si Bangalore, la capitale du Karnataka, était devenue la ville considérable dont on nous rebat les oreilles, haut lieu des technologies de pointe et de l'informatique la plus sophistiquée. Même si l'on nous racontait que le niveau de vie des Indiens avait grimpé de je ne sais combien de points sur l'échelle de la prospérité, nous retrouvions immanquablement la route parcourue avec Chantona et son mari français. Bordée de banians qui ne semblaient avoir gagné ni perdu la moindre hauteur et peuplés de singes *strawberry blonde* exactement semblables à ceux de notre premier passage. Les enfants qui se poursuivaient avaient dû hériter des guenilles de leurs parents. Et sur la tête des femmes aux corps de coryphées s'élevait l'immuable pyramide de petit bois ou de paille de riz, tandis que sur la route – et qu'on ne compte pas sur moi pour omettre ne serait-ce qu'une seule fois ce détail – traînaient des chiens. Des chiens indiens. *Indian dogs. Under dogs.*

Une fois, deux fois, nous avons pris l'avion de Madras à Delhi pour nous promener dans le Rajasthan des princes moghols. A quoi bon évoquer ici ces lieux que le monde touristique, si redouté par Archaka, a rendus de nos jours à peu près aussi courus et appréciés que les châteaux de la Loire ou le Mont-Saint-Michel ?

Petit signe quand même en gage de tendre admiration à cet étourdi de génie, le roi Akbar, qui fit les plans lui-même de son sublime palais de grès rouge à Fatehpur Sikri. Sa belle tête est sculptée sur un pilier au milieu de son chef-d'œuvre, il y est devenu Brahma, l'être suprême, sorti du nombril de Vishnou endormi.

Archaka était passionné par Akbar qui oublia que ses femmes, ses ministres, ses courtisans, ses serviteurs, ses concubines et ses enfants (il en eut huit cents, paraît-il !) auraient besoin de boire et de se laver. De barboter pour se rafraîchir dans les bassins fleuris de lotus. Ni source, ni fontaine, ni canalisation à Fatehpur Sikri. Pourquoi Brahma puis Vishnou n'ont-ils pas pensé à secouer Akbar ? « Cesse de rêver, majesté, où est l'eau dans ton palais ? Tu n'as pas pensé à l'eau ? Qui voudra vivre auprès de toi ? »

Archaka avait une explication à cette blague inouïe. Akbar était certes un grand roi, mais il était trop fier de son palais de grès rouge. Les dieux ont voulu lui rabattre son caquet. Lui jouer un tour à leur façon. Et il enchaînait : « Notre monothéisme nous a rendus si prudes. Nous n'imaginons pas que la divinité puisse foisonner et s'en amuser la première. »

Excellente explication. Qui vaut pour toutes les contrariétés que l'Inde distille, qui s'est révélée particulièrement lumineuse pendant notre périple de Delhi à Jaipur. Notre chauffeur, Surender Singh, était sikh. Il portait donc un épais turban de soie qui dissimulait sa chevelure que les ciseaux, selon sa religion, ne devait pas toucher. Là-dessous de grands yeux couleur pruneau où pouvaient se lire, certainement, autant de fourberie que de bonne grâce. Je n'ai rien cherché à lire dans les pruneaux de Surender Singh. Archaka non plus. Il devait regarder les chameaux attelés aux charrettes des paysans du Rajasthan. Ou les paons qui se pavanaient en liberté sur la route. Le paon, en Inde, est un oiseau sacré (l'emblème de Kartik, dieu de la guerre et de la beauté virile). D'autre part, Archaka avait un faible pour les chameaux depuis une promenade entre les bosses de l'un d'eux dans je ne sais quel désert. Nous sommes montés sans méfiance dans la bagnole du sikh dont le moteur, dès l'arrivée à Jaipur, a rendu le dernier soupir. Si bien que, sur le chemin du retour, nous avons dû remorquer l'épave. On ne nous a pas demandé notre avis, on nous a mis devant le fait accompli.

Et nous ?

Eh bien nous, euh, nous n'avons pas ouvert la bouche. Pas froncé les sourcils. Pas protesté. *For Heaven's sake.* (Le sikh ne parlait qu'anglais.) Et Archaka devait s'imaginer que Ganesh nous avait joué un tour puisqu'il est le plus farceur des dieux. Maudire Ganesh ? Jamais de la vie.

Quant à moi, j'étais sûrement encore sous le charme d'Akbar et de son palais rouge. Sous le charme du zénana ; c'est là que le monarque le moins conventionnel du monde jouait à colin-maillard avec son harem.

Donc, quoi qu'il arrive, nous resterions zen. *Good bye* au Rambagh Palace où nous avions attendu sans trépigner toute une matinée et une partie de l'après-midi la voiture de remplacement. Nous avons crié *wonderful!* quand Surender Singh a surgi au volant de ladite voiture à laquelle était accrochée – de bizarre façon – la pauvre chose sans moteur.

Dès le premier ralentissement commença la partie d'autos tamponneuses. Elle fut rude et longue et brutale. Mais nous n'en avions cure, le crépuscule s'avançait sur le ciel qu'avaient contemplé Akbar, ses concubines et ses trop nombreux enfants. Et nul n'ignore que, du Nord au Sud, le crépuscule en Inde est un moment grandiose. Paix, pureté, exquise beauté des couleurs avant que la nuit ne les happe. Notre humeur resta en accord avec les roses et les mauves qui se mélangeaient derrière le pare-brise et la vitre des portières. J'entends le rire d'Archaka à chaque coup de boutoir. *Light and delight.* Nous avons joué au jeu des portraits. Si c'était un animal? Si c'était un pays? Si c'était un livre? Et, la voiture morte fonçait sur l'arrière de la nôtre, nous chavirions contre le siège du chauffeur. Lequel faisait des bonds et son turban dansait dans l'obscurité montante. Nous a-t-il dit, ne serait-ce qu'une fois, *I am sorry*? Je ne crois pas, je suis même sûre du contraire. Archaka m'avait prévenue. Les Indiens ne disent ni merci ni pardon. Comme leurs dieux, ils ont toujours raison.

Nous avons donc continué d'encaisser les chocs en riant. Et puis, ce fut comme si tout était apaisé. Archaka me parlait de *Guerre et paix* qu'il relisait chaque année depuis qu'il était en Inde, « c'est le plus beau livre que je connaisse ». Et de convoquer le prince André à la bataille d'Austerlitz puis à Borodino. « A Borodino, lors même qu'il a retrouvé Natacha, il entre lentement et consciemment dans la mort. »

Dans la mort. Consciemment.

Je n'ai rien dit. Moi aussi j'aime beaucoup Tolstoï et particulièrement *Guerre et paix*, et qu'en Inde on dise le Mahatma Tolstoï comme on dit le Mahatma Gandhi je trouve ça juste. *Mahatma* signifie grande âme.

Au retour d'un autre voyage, c'est D.-H. Lawrence qui s'est installé entre nous. Parmi ses livres, *Women in Love* était mon favori. Archaka aimait tous les autres. Il m'apprit qu'en Inde on pensait que Lawrence était un ancien yogi qui s'était incarné en Occident pour liquider une difficulté intérieure.

Je profite de l'expression. Elle me semble bienvenue. De 1978 à 1984, Archaka, c'est mon avis, ne connut pas de difficulté intérieure. C'est l'époque où il m'écrivait :

« *Je crois au bonheur et qu'il est contagieux.* »

Dans une autre lettre il complétait son point de vue :

« *Le bonheur c'est ce qui n'a pas de cause et demeure inexplicable.* »

Troisième définition :

« *Je parle d'un bonheur qui repose sur le seul émerveillement d'exister.* »

Exister, le seul émerveillement d'exister.

Maintenant, et l'on me pardonnera, je vais quitter un peu Archaka pour introduire dans mon récit un être qui compta beaucoup dans ma vie. Archaka, bien sûr, connaissait Marie Lacoste. Il était en Inde depuis six ans lorsqu'elle mourut en 1981. Elle était née en 1888. Le moment de s'échapper de notre planète était donc venu pour elle mais j'appartiens à la catégorie des individus qui se crêtent contre le cours normal des choses. L'inéluctable ne rentre que mal et rarement dans mon champ de vision.

Marie m'était précieuse. Elle est la Maria Sentucq de mon roman, *Boy*, elle vivait encore quand j'écrivais ce livre et les dernières pages sont sorties toutes chaudes de son cœur innombrable et fin. D'une enfance presque aussi misérable que celle des gamins de l'Inde du Sud (pour eux du riz, pour Marie du pain noir), d'une jeunesse qu'on lui confisqua sans délai ni scrupules, elle émergea avec un sang-froid, une dignité et un humour dont je continue à être éblouie. « J'ai toujours dit amen à tout, disait-elle et je m'en suis très bien portée. » Je lui faisais répéter la phrase, elle s'exécutait, tête levée, parfois grave, parfois souriante, toujours majestueuse et j'entrais en rage. Son amen à tout se dressait comme les grilles d'une prison devant une petite fille que l'on enfermait des journées entières, volets tirés, avec ses frères et sœurs, dans une maison de village. Les parents Lacoste travaillaient du chant du coq au chuintement de la chevêche, quelquefois plus tard.

Autre amen de Marie, celui adressé à la vieille et riche veuve qui l'engagea quand elle sortit de l'école à l'âge de quatorze ans. L'engagea, l'embarqua, aujourd'hui on dirait : la kidnappa. Cette vieille veuve (à quoi bon en faire un personnage mythique ?) était mon arrière-grand-mère que je n'ai jamais connue. Ses petites-filles, dont ma mère, l'appelaient Bonne-Maman, les habitants du village : la daoune, et Marie qui devait s'adresser à elle à la troisième personne :

Madame, en baissant les yeux. Moi, si vous voulez bien, je dirai Bonne-Maman, ça me fait rigoler et en même temps ça calme l'envie que j'ai de lui balancer outre-tombe un petit speech pas vraiment doux.

Bonne-Maman avait perdu sa fille aînée, Laure, quand elle était à peine plus âgée que Marie, quinze ans. On ne demandera pas à Marie de prendre la place de Laure. Inenvisageable. En revanche il lui faudra jouer les mameluks.

Quand même pas coucher par terre devant la porte de la triste daoune mais, pénitence à mes yeux absolue, passer ses nuits dans sa chambre au pied du grand lit en bois sculpté, recroquevillée sur un lit de camp.

Et Marie qui, elle me l'avoua, n'avait aucun goût pour cette promiscuité, s'inclina. Bien mieux, quand le fantôme de la pauvre Laure apparaissait dans les cauchemars de sa mère, la jeune servante se levait d'un bond et murmurait des consolations (à la troisième personne ?). A moins qu'elle n'ait été priée de chanter une chanson en gascon. Ou un cantique. (Les cantiques, à l'époque, étaient moins niais que de nos jours.)

A l'aube, en guise de clairon, les six notes ou les sept, cela dépendait de la saison, que lançait l'horloge à balancier depuis la cuisine réveillaient toute la maison. Nouveau bond de l'adolescente sur son lit de soldat. A peine débarbouillée, elle commençait sa journée (dont le récit interviendra peut-être un jour dans ce que j'écrirai si Krishna m'en laisse le temps. Krishna ou Ganesh. L'un ou l'autre de ces dieux farceurs).

Glissèrent les saisons, les années. Les douces comme les moins douces, les très belles comme les pas belles, les enchantées comme les affreuses glissèrent. Marie était toujours là. Jamais ne lui prit l'idée de quitter notre famille, elle en faisait partie. Femme de chambre quand elle était encore leste. Cuisinière ensuite, et je devrais dire : chef cuisinier. Experte en assaisonnements, en saveurs, originale, inventive, elle refusait de donner ses recettes. On s'adressait à elle avec déférence, avec affection, on la consultait. De toute façon, elle n'avait vu, elle ne voyait que le bon côté des choses. Bonne-Maman avait peut-être été sévère mais le soir, dans la cuisine, devant un grand feu (délicieuse odeur de gemmelles tartinées de résine), à sa docile et jeune proie elle avait enseigné l'orthographe, le calcul et la géographie. « J'aimais Madame, j'ai bien pleuré à son enterrement. »

Nouvelles larmes quand vint le tour de s'évader de Grand-Maman. Celle-là était mondaine, élégante, bavarde, joyeuse, elle adorait les réceptions, et sa table grâce à Marie Lacoste était renommée. A Bordeaux comme dans la vaste maison où elle était née, entre la forêt et la mer. On disait Grand-Maman frivole mais Marie savait, puisqu'elle savait tout, que, comme les femmes qui ont cette réputation, elle se montra souvent d'un courage héroïque. D'elle, Marie passa à Maman, ma mélancolique mère, si moqueuse parfois. Marie fut son garde du cœur, merci Françoise Sagan d'avoir inventé ce titre.

L'année de mes trois ans, j'avais mal à la gorge, ma grand-mère m'emmena à Cauterets. Une photographie subsiste de cette aventure. On m'y voit à califourchon sur un âne, je suis toute réjouie (je pense sans doute aux chevaux qui succéderont à l'âne). Derrière nous, à peine inquiet, le bon visage de Marie. Elle veille sur la minuscule cavalière.

Alors, coup de tête ou décision mûrement réfléchie, à la fin des années soixante-dix, je lui ai demandé de continuer à jouer ce rôle pour moi. J'ai dit à l'Oiseau on s'en va. Je me suis mise au volant de ma petite Fiat. Sept cents kilomètres au sud du VIe arrondissement de Paris nous attendait Marie Lacoste.

Depuis 1975, Archaka vivait en Inde. Je ne voyais presque plus l'autre ami, très important très aimé, de ma vie. Et Marie devait quitter sa petite maison de village pour prendre refuge dans la maison de repos des Sœurs de la Sagesse, à trois pas de mon logis. Cela tombait bien. Nous allions l'aider à déménager, l'Oiseau et moi. Elle s'embarqua, stoïque, dans la Fiat, à côté de moi. Dans le coffre il y avait sa vieille valise remplie de pas grand-chose. Je fus priée d'emporter chez moi la pendule à balancier que lui avait léguée la daoune. Et un châle noir en soie, l'a-t-elle jamais porté ?

Quand elle est morte à l'aube du 8 octobre

1981, j'ai immédiatement prévenu Archaka. Comment ne pas transcrire sa réponse :

« *Je sais et tu sais que je sais l'étendue de ta peine. Marie était un être si merveilleusement accordé à la nature, si profondément bonne et droite, si spontanément en harmonie avec le monde, elle était si totalement simple et saine – je veux dire si pure – qu'il me semble que ta tristesse doit pouvoir s'ouvrir à la sérénité qui était le fond de son âme, à ce grand calme de son cœur que traduisait son sourire et qu'était loin de démentir le malicieux pétillement de son regard. C'est le meilleur moyen que tu aies de l'aimer toujours, et de la conserver toujours avec toi – en toi, je te donne la main sur cette étrange route de la mémoire de l'âme.* »

Et j'enchaîne sur cette autre lettre signée Archaka, écrite trois ans plus tard, le 8 février 1984 :

« *Mon bien-aimé protecteur, l'ami de mon âme, Nolini-da a quitté son corps tandis que je t'écrivais, essayant de te faire partager l'intense bonheur que je venais de connaître auprès de lui : deux heures à son chevet, au cours de sa dernière nuit sur cette terre. Son dernier cadeau.*

Je ne saurai pas en parler aujourd'hui. J'ai l'âme silencieuse et sereine, pleine de gratitude. »

Marie Lacoste était morte. Nolini avait quitté son corps. Où était la différence ?

Quand j'étais venue lui rendre visite, à la veille de sa mort, Marie n'avait pas ouvert les yeux. Elle m'avait reconnue, pourtant. J'avais vu battre ses paupières quand j'avais approché ma bouche de son oreille. Pour dire quoi ? Peu importe ce que j'ai dit, je ne me rappelle que sa réponse :

— Laissez-moi mourir.

Je regarde la photographie de Nolini-da. C'est vrai qu'il ressemble à Einstein. La grosse moustache. Les cheveux en bataille. Les yeux qu'Archaka disait d'argent. Archaka a-t-il murmuré quelque chose pendant les deux heures qu'il a passées au chevet de son « bien-aimé protecteur » ? J'ai sa réponse :

« *Je ne saurais pas en parler aujourd'hui. J'ai l'âme silencieuse.* »

Silencieuse et sereine. Et pleine de gratitude.

C'est tout. Rien d'autre. Il ne détecte aucun signe. Alors que moi maintenant, j'en vois un. A la seconde où Nolini quittait son corps, Archaka ne fut plus le même. L'immédiat amour (en Inde tout sentiment se nomme amour) qu'avait ressenti le grand yogi venu du Bengale pour le jeune Français dont il avait certainement deviné la fragilité, cette affection constante et vive et rassurante, efficace, quelles que soient les explications savantes et psychanalytiques que l'on pourra me donner, elle va manquer à Archaka.

Et débute la seconde partie de la vie de « celui qui invoque la Lumière » à l'Ashram de Sri Aurobindo. Par cette lettre du 3 mai 1985 :

« *Le mois de mai commencé aujourd'hui a ouvert les portes de la fournaise. Nous respirons le feu, mangeons des flammes et veillons à ne pas laisser nos breuvages s'évaporer... Comme j'ai déjà eu mon pépin annuel (une laryngite) je me sens d'humeur à affronter le bûcher, s'il le faut, pas à l'état de cadavre consumé à l'indienne, cependant, j'a trop de choses à faire encore...* »

Et le 27 juillet :

« *J'ai cette année un besoin constant de vitamines et de fer, n'ayant jamais été aussi fatigué de ma vie ni aussi longtemps.* »

Il a beau écouter sur son walkman deux fois de suite (et il souligne : 3 heures x 2), dans un ravissement constant, *Les Noces de Figaro* avec

Gundula Janowitz dans le rôle de la comtesse, il ne s'en sort pas.

Le docteur Datta, médecin de l'Ashram, lui a prescrit un traitement, il souhaite améliorer le spartiate menu de la salle à manger, ajouter au riz et aux légumes quotidiens d'autres légumes, des médicaments en petites doses ; le tout constitue un régime auquel Archaka refuse de se soumettre. Il me prend à témoin :

« *Les nourritures pour malades me rendent malade. Les précautions ôtent toute la saveur que je recherche dans la vie, je suis ainsi construit que sans intensité je meurs et que je dépérirais donc à vouloir me protéger. Cela dit je suis lucide et pas suicidaire. Je sais que j'ai besoin de me recharger.* »

Conclusion :

« *Je ne puis le faire qu'en France dont la nourriture et le climat peuvent seuls restaurer mon équilibre physique.* »

Il revient en France. Le premier voyage a lieu en 1986, peu avant le mois de mai, son feu et ses flammes. Il espère, nous espérons, que le retour dans cet Occident qu'il a voulu fuir dix ans plus tôt sera une réussite. Ceux qui l'ont connu le trouveront changé. Amaigri, le front comme agrandi, moins de cheveux. Normal, il a pris le large à trente-deux ans, c'est un homme de quarante-quatre ans qui débarque à Roissy.

A l'heure prévue je suis là, j'attends. Sourde à la rumeur qui va et vient dans l'aérogare tout comme aux annonces que psalmodient derrière leurs comptoirs les préposés aux micmacs des avions, je ne regarde qu'une chose : le tableau des arrivées. Seul me concerne le cliquetis des lettres et des chiffres qu'un ange invisible déplace et remplace jusqu'à ce qu'apparaissent les deux mots délicieux : atterrissage immédiat. Et puis la suite : les voyageurs du vol en question qui débarquent, les uns passablement hébétés, les autres pimpants, prêts à saluer comme les acteurs à la fin d'un spectacle. Archaka n'est pas hébété, il a dû dormir dans l'avion, il avance, plutôt calme, content, c'est visible. Le sourire que l'on connaît.

Nous ne nous saluerons pas à l'indienne, *Namaste*. Ce sera l'étreinte de chaque fois. Tant de confiance entre nous deux. Il a posé par terre son unique bagage, ce sac passablement écorché d'où sort la tête de cheval qu'il a dénichée dans un bazar de Pondi. (Grâce à lui je possède une collection de chevaux de bois sculptés à l'indienne, ils ornent le manteau de la cheminée devant laquelle je fais semblant de méditer, là-bas, dans ma maison de la forêt.) Je le regarde, il me rend la pareille. Quand je l'ai quitté il portait dhoti, kurta, tongs. Ou short et chemise de couleur vive, les ascètes parfois aiment les couleurs.

Mais pour atterrir en France il a choisi l'uniforme en vogue depuis un bon bout de temps dans tous les pays du monde : jeans, blouson. Aux pieds ces chaussures, également très à la page, pour lesquelles l'expression « marcher sur des nuages » semble avoir été inventée. Je jubile. Qu'est-ce qui t'a refilé ces choses magnifiques ? Ishwar, au courant de tout ce qui vient de l'Occident ? Ou Shyam, l'athlète perchiste ? L'ami français qui a épousé Chantona ?

Qu'est-ce que je raconte ? A Pondichéry on trouve de tout. Dans l'épicerie que nous fréquentons, sur le chemin de la mer, ces grands sacs en jute, dressés comme des colonnes, pareils à ceux des épiceries de notre enfance française et remplis de lentilles vertes, de lentilles roses, de pois cassés, de riz. Mais deux rues plus loin le design a chu derrière les vitrines et, dans la raide géométrie des spots, apparaît toute la gamme de ces mirobolantes chaussures dont Archaka porte une paire – il est vrai un peu affaissée.

Je ris. Lui aussi. Comme dans la voiture de ce mufle de sikh sur la route de Jaipur à Delhi. Comme lorsque nous nageons dans la baie de Bengale et la nuit s'approche, précédée du colossal ballon rouge au-dessus de Knowledge. Comme trente-six fois par jour, à toute occasion.

Finalement il n'a pas changé du tout. Les cheveux oui, mais quelle importance, les cheveux. Ceux qui ne l'ont pas vu depuis qu'il a quitté la France ne s'imaginaient tout de même pas qu'il allait revenir de l'Inde portant un turban comme notre filou de sikh ? Ou une queue de cheval comme le chanteur Francis Lalanne et mon petit-neveu, Sébastien ? Tel qu'il est Archaka est toujours beau. Interdiction de radoter sur son regard. D'autant plus qu'à Roissy j'y ai lu ce que je désirais y lire.

A Paris il habite chez Hélène, l'amie pour qui, m'a-t-il écrit, « la fidélité n'est pas un vain mot ».

Il a vécu chez elle quatre années qu'il évoque avec plaisir, émotion, il les juge fécondes et puis pour le claustrophobe qu'il est, que ravissent les incursions de la mousson, pluie et vent, entre les persiennes jamais fermées de sa chambre à Golconde, quelle joie en perspective d'ouvrir en grand sa fenêtre sur les arbres du Luxembourg.

Il ne se lève plus à cinq heures du matin comme à Golconde. Mais dès que les grilles du Luxembourg sont ouvertes, vite, il descend de l'appartement et va le long des belles allées qui, à l'heure où il s'en ira, se rempliront d'enfants joueurs ou rêveurs, de couples. De promeneurs solitaires. Comme lui. Il a la même démarche régulière et calme que lorsqu'il arpente le cours Chabrol, entre Golconde et son atelier.

Paris, ce Paris-là lui convient. Le toit et l'accueil d'Hélène, et ma présence dès qu'il la souhaite sur l'autre berge de la Seine. Il sait qu'il a pris une sage décision, cela lui plaît. Il cite ce passage de la *Bhagavad-Gîta* :

« *Mieux vaut agir selon sa loi à soi, fût-elle imparfaite, que de suivre une loi étrangère bien ouvrée.* »

Suit sa profession de foi :

« *On ne pourrait me causer plus de mal qu'en*

essayant de me faire faire ce pour quoi je ne suis en quelque sorte pas fait. Ceci n'est pas meilleur que cela. C'est une question de loi intérieure. »

Sa loi intérieure le guide. Il consulte des médecins, s'incline devant ceux qui lui plaisent, oublie les autres. Même chose pour les médicaments. Pour les repas il voit plus large. C'est un gourmet doté d'un excellent appétit. Il aime manger chinois, thaï. Et indien. Pourquoi les chapatis non loin de la rue Vavin, les nams et les dosais seraient-ils moins savoureux que ceux de Nehru Street ? Il se souvient aussi des spécialités de sa mère. Le dimanche les repas étaient très bons rue Valentin-Haüy. Il décrit le poulet au citron. D'accord, nous mangerons du poulet au citron. Et pendant le déjeuner il me racontera ce qu'il a découvert comme titres alléchants chez Gibert et à la Fnac.

Rares sont les jours où il ne hante pas ces lieux. Son appétit pour les livres dépasse celui qu'il a pour la bonne chère. Ma nièce Constance, libraire à L'Œil Ecoute, près de la gare

Montparnasse, le voit surgir l'après-midi et balayer d'un regard avide les rayons, tous les rayons et tous les étalages de la librairie. Il surveille, mine de rien, les autres clients, les sérieux, les hésitants. Il grille de leur recommander ceci ou cela. Cet amour pour les livres, il voudrait le partager avec ces étrangers auxquels il ne parlera pas, il lui a suffi de les observer. Quand je le reverrai il brandira, comme le chercheur d'or sa pépite, le livre qu'il a acheté et il me racontera Gibert, la Fnac, L'Œil Ecoute.

Nous irons au cinéma. Je n'ai pas oublié de me munir de *Pariscope* qu'il a surnommé la Bible. L'écolier qui s'échappait de son collège pour gagner à pied et en courant les grandes salles des Champs-Elysées où il consommait tout ce qu'il pouvait de westerns et de Cécil B. De Mille, se prépare à déguster – c'est le mot qui convient – le film qu'il a élu de préférence aux autres. Il sera capable de me réciter les noms des acteurs et les scènes les plus frappantes de ce film des années après.

Nous irons voir des ballets. Entendre des opéras. Je me souviens de son bonheur à *Eugène Onéguine*. Nous irons chez Virgin acheter tout ce qu'il voudra de Mozart. Et de Berlioz.

Il sera invité à dîner par sa chère Régine Crespin, avenue Frochot. Et à déjeuner par Jean-Louis Curtis. Les deux hommes ont les mêmes goûts en littérature.

Puis ce sera le train vers ma campagne, qu'il aime et où il se sent bien. La plage, la forêt, la maison :

« ... *tissu de souvenirs impossibles à partager avec qui ne les a pas vécus. Au cours de mes années pondichéryennes, ta campagne s'est métamorphosée en quelque chose de très subtil et de très intérieur. C'est un endroit secret.* »

Inévitablement, dès le retour de la première échappée d'Archaka vers la France, Ganesh n'a pu résister à la tentation d'avancer le bout de sa trompe. C'est lui, à coup sûr, qui suggère au préposé d'Indian Airways, à Delhi ou à Bombay, de déclarer au voyageur français qu'il ne figure sur aucune liste d'attente. L'homme a le comportement type du fonctionnaire indien, ni cruel ni désolé, juste assez détaché, il se sent considérable. Archaka ne songe pas à demander d'explication. Un jour il m'a confié : « En dépit de petites irritations épidermiques, l'essentiel de mon être respire à l'indienne. » Il refuse de se sentir brimé, il a dû dire *all right* et s'asseoir dans un coin de l'aérogare. Il attendra son avion dix heures minimum, dix heures qu'il jugera très agréables : son walkman aux oreilles il écoutera le *Requiem* de Brahms puis celui de Mozart, encore du Mozart. A peine arrivé à Golconde il écrira :

« *Le ciel de France perdure en moi, la douceur de sa lumière se juxtaposant à la blessure éblouissante de celui de l'Inde.* »

Et la juxtaposition prend son rythme. Entre le premier voyage et le second deux ans s'écoulent puis l'écart se rétrécit. Chaque année, en avril ou dès septembre, je vais cueillir Archaka à Roissy. Il dit que la fusion s'opère très bien entre sa part française et sa part indienne. « Je suis, si j'ose dire, un métis pur sang. » Il est très satisfait de cette définition.

Jusqu'au mois de mai, maudit mois de mai 1989. La lettre que je reçois n'indique rien de grave, l'écriture habituelle roule, harmonieuse et claire. Mais dès le troisième paragraphe c'est la nouvelle-couperet :

« *Une surprise de taille m'était réservée à l'Ashram : on m'a demandé de ne pas reprendre mes cours.* »

Il commente du bout des lèvres. Les motifs invoqués : zéro. Et l'instant choisi pour mettre fin à une occupation (une vocation ?) qui le rendait si heureux : zéro encore. Il affirme sans insister :

« *Ça ne m'a pas troublé un instant.* »

Bien entendu je ne le crois pas. Il a beau essayer d'embellir le tableau :

« *Dois-je te dire que, dans ma révolution solaire*

de cette année, un changement d'orientation m'était annoncé? »

(Il s'est mis à l'astrologie. Sérieux, comme pour tout. Appliqué mais doué, véloce. Un jour il m'écrira que les résultats qu'il obtient, ce qu'il lit dans les astres est à la fois passionnant et terrifiant.)

Moi, je suis consternée par la décision prise à l'Ashram. « ... on m'a demandé de ne pas reprendre mes cours. » Je ne saurai jamais qui est cet *on*? Quel est son visage? Archaka ne me donne pas de nom. Rien non plus sur le troisième œil de Shiva ou une énième facétie de Ganesh. Les phrases que j'ai lues huit ans plus tôt et qui m'avaient grisée sont désormais lambeaux, poussière. Je les relis, la rage au cœur :

« *Quelle grâce toute spéciale que d'avoir été requis de donner en partage tout ce que je sais de la langue française à ces jeunes Indiens, prolongeant sans fin l'âge pour lequel je suis né.* »

Et puis :

« *J'ai l'âme que je rêvais d'avoir lorsque j'étais enfant.* »

L'âme. Ce mot que je n'emploie que rarement. Et seulement pour ceux qui portent cette âme sur leur visage. Les innocents, tous les innocents, il y en a des quantités et ceux qui, rictus au coin des lèvres, semblent crier au secours. Il vient de donner un coup à l'âme d'Archaka, le *on* sans visage ni manière de l'Ashram. Comment ai-je réagi ? Dans un film accéléré j'ai vu défiler Ramkishore et Ishwar et Shyam. La grande salle de Knowledge où des enfants venus d'Orissa, du Bengale ou de Karnataka fondaient pour Musset et tendaient l'oreille aux trilles du rossignol des *Vrilles de la vigne.* Il n'y aurait plus d'Archakbhai, plus de bhai, plus de frère, difficile de s'en consoler. J'ai horreur de tourner la page quand j'y suis forcée. Celui qui avait écrit *Tantale* à l'âge de seize ans, qui employait le mot de ténèbre pour évoquer son enfance, on le privait d'une joie qui était devenue son pain quotidien. Nolini l'avait surnommé « celui qui invoque la Lumière » et on lui enlevait les sources de cette lumière. Et comme raison, des broutilles, des mensonges peut-être. Le *on* de l'Ashram, ce masque, je le plongeais dans le même panier, dans la même eau boueuse que celui qui avait rélégué Vaisseau de la Connaissance, le flûtiste, dans une chambre de la taille d'un placard et lui avait interdit l'accès au terrain de sport et à la salle à manger. J'enrageais.

J'enrage encore et je sors de ma provision de lettres celle-ci qui me paraît tomber à pic :

« *Les Indiens sont maladivement menteurs. Comme la plupart des Orientaux. La véracité ne fait tout simplement pas partie de leur comportement. Si l'on compare l'Indien à l'Occidental, même le moins éduqué croit que l'on peut être véridique, l'Indien s'en moque. Il est maître de l'illusion. Il vit dans le flou, dans l'imprécis, dans l'imaginaire, tout au contraire de nous qui avons besoin que les êtres et les choses aient des contours définis.* »

J'ai dû m'apaiser. Archaka m'y a aidée. Dans aucune autre de ses lettres je ne retrouve d'allusion au *on* de l'Ashram, à cette décision en forme de coup de poignard.

Et puis, quoi, Archaka est venu en Inde à cause de Sri Aurobindo. Il a eu la chance d'être remarqué, choisi par Nolini-da. Il doit se conduire en yogi. Je relis les mots qu'il a employés pour me présenter Nolini :

« *Il est le plus grand yogi vivant. Et un yogi ou*

un sage, au sens indien, c'est celui qui s'est hissé au-delà de l'humain. »

Archaka va gagner ses étoiles de sage. En attendant de se hisser au-dessus de l'humain, il se hissera au-dessus de l'affront reçu. Ce n'est pas lui qui emploie le mot affront. Pas plus qu'il ne m'a décrit celui qui est responsable de ce qu'on lui impose. Il préfère dire qu'on ne lui a rien imposé du tout. Il prétend et même il affirme que tout changement dans la vie est bon, que l'âme y trouve son compte. Et puis ses élèves préférés, Ishwar et Shyam, continuent de lui rendre visite. Il avait commencé de travailler avec Shyam le rôle d'Agamemnon dans l'*Iphigénie* d'Euripide. Ils iront tous les deux, Archakbhai et le « corps-âme », jusqu'au bout de cette étude.

Et Ishwar, vous vous en souvenez, c'est le jeune Oriya au teint pâle qui a écrit un essai sur Apollinaire et qui, un jour, a-t-il annoncé – prendrait la route de l'Himalaya. Suivant l'exemple des rishis des temps anciens, il méditerait devant un glacier. Mais il est indien, il plie et déplie le temps à sa guise et désire, avant l'Himalaya, devenir écrivain et d'abord écrivain français. Archaka et Ishwar se plongent dans Flaubert, *L'Education sentimentale.* Frédéric Moreau devient l'ami d'Ishwar, qui n'aura pas de Mme Arnoux dans sa vie (qu'est-ce que j'en sais ?). Et le glacier ?

Désormais débarrassé de ses cours à Knowledge (pardon Archaka, pour le mot débarrassé qui ne te paraîtrait pas juste), le professeur sans élèves va se remettre à l'écriture. Il en éprouve plus de joie que d'appréhension. File, glisse sur la page blanche la belle écriture si nette et lisible. Voici, dans la veine du *Cantique de l'éternité,* un long poème en prose, *Ni la terre ni le soleil ne bougent,* qu'Archaka ne songe même pas à signer de son nom indien. Anonymat de nouveau pour la pièce *Je me souviens du ciel,* dont l'unique interprète est Shyam, l'athlète au visage émouvant.

Parmi les livres qu'Archaka a traduits dès son arrivée en Inde figure une biographie de Sri Aurobindo rédigée par l'un des sadhaks réquisitionnés pour la construction de Golconde, Rishabchaud.

C'est l'Inde nouvelle et libre et c'est la preuve que le jeune Français est un traducteur fiable, consciencieux à l'extrême. Pour avoir souvent évalué avec lui les correspondances entre l'anglais et le français, je peux garantir que face à n'importe quel texte (il s'amusait à traduire Lawrence et Somerset Maugham) il était d'une exigence rigoureuse dans le choix et la musique des mots. C'est ce qu'a dû penser Nolini-da lorsqu'il lui confia la traduction de *La Vie divine*, l'œuvre majeure de Sri Aurobindo.

Œuvre majeure, œuvre de toute une vie. On s'en souvient, je l'ai mentionné au début de ce texte, le yogi de Pondichéry a d'abord voulu être un combattant. Son obsession unique, quand il revient d'Angleterre où il a fait ses études, est de chasser les Anglais de l'Inde. Qu'ils quittent pour toujours la terre qu'ils ont indûment occupée sans chercher à comprendre – et là je cite Archaka – « sa touffeur et ses mystères ». Ses innombrables mystères...

Et ce que Sri Aurobindo désigne sans réticence ni complexe comme une révolution ne va pas s'arrêter là. Dans la cage où les Anglais ont emprisonné l'ancien diplômé de Cambridge, il est entré à la façon des rishis et de certains saints ou de certains grands créateurs (des musiciens par exemple) en méditation profonde. En émerge la décision d'entamer une autre révolution. Le champ de celle-là est l'âme. C'est *La Vie divine*, c'est le yoga intégral.

Comme chacun sait, espérons-le, du moins comme Archaka l'explique dans *Promenade en Inde* avec sa passion rigoureuse pour le mot exact, yoga signifie essentiellement transformation de la conscience grâce à la communion avec une autre conscience, plus haute, plus vaste. Archaka n'eut pas à chercher trop loin la haute et vaste conscience qui voulait bien communier avec la sienne. Dans le parfum de jasmins et de tubéreuses qui parvenait du Samadhi tout proche, le sosie indien du savant Einstein posa ses yeux couleur argent sur celui auquel il venait de donner un nom de lumière et l'adouba.

Et Archaka s'enchaîna à la traduction française de *La Vie divine*. Avec la régularité du moine qui, chaque soir, récite complies, qu'il fût en Inde, près d'un temple du Karnataka ou au bord d'un canal du Kerala ou tout bonnement à Golconde, qu'il fût en France, devant son cher Luxembourg ou dans ma forêt, il traduisait un passage de l'œuvre révolutionnaire de Sri Aurobindo (qui compte plus de mille pages).

Du coup, c'est bien compréhensible, il se mit à écrire sur tout ce qu'il avait appris, qu'il ne cessait d'apprendre. Trois titres signés Alexandre Kalda ont paru en France : *Les Temps pré-éternels* (Grasset), *Le Dieu de Dieu* (Flammarion), *Le Mur de la lumière* (Le Rocher).

Je donnerais cher pour retrouver l'article dithyrambique que Jean-Louis Curtis consacra aux *Temps pré-éternels.* Il comparait l'auteur à Plotin, à Hésiode et à Lucrèce, « J'ai un groupie » m'avait écrit, tout joyeux, Archaka qui ne voulait rien conserver de ce qui concernait son ego, lettres affectueuses comme articles élogieux.

C'est à la lecture du *Dieu de Dieu* (qui ne me fut pas si facile) que j'ai découvert ce que le disciple de Nolini-da révélait de son yoga personnel. Archaka a toujours disposé de son temps, sans avoir à fournir prétextes ou explications, quand nous vivions l'un avec l'autre. Désirait-il s'éclipser, j'en faisais autant, je ne demandais jamais où et combien de temps il allait s'absenter. Quand il me disait : je vais méditer, je disais, ah bon, comme s'il m'annonçait qu'il voulait partir en promenade. Sur ce qu'Archaka appelait l'archéoconscient ou l'état christique je n'ai jamais posé de question. C'est par *Promenade en Inde*, que j'ai été un peu mieux éclairée. Rétrospectivement puis-je avouer que j'ai été très troublée ?

En revanche, j'ai appris à faire miennes bien des théories aurobindiennes sur les mystères de la vie et de la mort. Et sur l'origine du monde. Et sur Dieu. Voici quelques vérités qui m'ont été droit au cœur :

« *Dans notre ignorance nous rabaissons Dieu à notre niveau quand nous le présentons comme un juge.* »

« *Dieu ne juge pas, il ne récompense ni ne punit car tout sans nulle omission d'aucune sorte est Lui depuis toujours et à jamais.* »

« *Ils sont sur le même pied, le Bouddha, Jésus,*

Lao-Tsé qui disent que tout est Dieu, même nos souffrances, ou bien que tout, même nos souffrances, est illusion. »

Enfin :

« *Nous ne pouvons deviner ce que nous croirons demain, quels credos régiront notre vie et nous aideront à supporter la souffrance et la mort.*

Lorsque nous regardons en arrière il y a dans le passé d'autres explications du monde. Les dieux d'avant le déluge n'étaient pas les mêmes que ceux que nous avons adorés ou niés. »

Avant le déluge pour moi ce sont toutes les phrases qu'Archaka proférait d'un ton volontairement neutre, qui surgissaient au hasard d'une conversation et qui me sont restituées soudain avec sa voix et son sourire :

« *N'oublie pas : il n'y a pas eu de péché originel.* »

Ou : « *La fin du monde n'aura pas lieu.* »

Sur ces deux déclarations, ces deux commandements, ces deux évidences, il a encore écrit sept livres publiés aux Presses de l'Ashram : *Le Sacrilège* (passionnante version yogi de l'histoire de Jésus), *Bénédiction de l'abîme*, *Le Temple de l'apocalypse*, *Images du futur*, *La Galaxie hu-*

maine, La Traversée du temps, La Fin de la mémoire.

Tous ces textes ont été écrits d'une traite, sans rature, sans effort. Les amis d'Archaka à l'Ashram les lisaient sur le même rythme. Jhumur, dont je n'ai pas eu le temps de parler, personnage hors du commun, très belle et intellectuelle, qui maîtrisait cinq ou six langues occidentales bien qu'elle n'eût jamais quitté l'Ashram, Jhumur rapportait le manuscrit à son auteur avec un bref compliment :

— C'est bon. C'est juste. Ce n'est pas facile mais c'est très bon.

J'étais aussitôt mise au courant par une lettre. Exceptionnellement, Archaka parlait de son ego.

Le jour où il ne revint plus à Knowledge pour instruire de jeunes Indiens fraternels, il chercha un endroit où il pourrait échafauder son quotidien à sa guise, moins rigoureux dans le silence que Golconde, plus facilement ouvert aux autres, en même temps plus protégé, plus retranché, où il pourrait sans qu'on le dérangeât, méditer. Puisque c'était de la méditation que naissait toute la sève de ses livres.

« *J'ai trouvé ma résidence secondaire* m'écrit-il, le 10 juillet 1989. *Pour 350 roupies par mois (pas tout à fait 143 francs de l'époque) "une chambre avec vue" qui me comble de joie. D'un côté une terrasse qui donne sur la mer. De l'autre un balcon, un bougainvillée d'un rose éclatant, une rue tranquille.* »

La propriétaire de ce qu'il appellera l'atelier se nomme Adolphine. Son fils, un homme pansu (le comble du chic pour des Tamouls) se nomme Saint-Paul ! A Paris il y a un frère de la même famille, sans doute aussi pansu, aussi chic, baptisé Chérubin (la famille d'Adolphine est chrétienne). Outre deux petites filles rieuses, aux belles joues couleur café, à l'atelier, un chien, deux perruches et deux chats ont droit de cité. L'un de ces chats est une chatte qui viendra, dès qu'elle aura senti la présence d'Archaka dans les lieux, se lover sur ses genoux.

Désormais les journées d'Archaka sont coupées en deux. Le matin : Golconde. Là il lit. Ni étendu ni accroupi à l'indienne. Assis à sa table. Le livre posé au milieu de cette table, rien à droite, rien à gauche, puisque lire est une occupation sacrée et Archaka pour certains ouvrages dit : « un acte d'amour ». Dans ses lettres il me fait part de ses lectures. De ses relectures et de ses découvertes. Il met autant de soin et de lucidité à commenter les Evangiles, la Bible, la Thorah, Platon, ses chers Russes, Victor Hugo, Zola, Colette, Genevoix, Faulkner, Huxley et

Lévi-Strauss qu'à me démontrer avec une malice imparable que le succès du moment envoyé à tout hasard, *sorry*, n'est pas vraiment sa tasse de thé. Comme j'ai toutes les faiblesses, il le sait, pour l'œuvre de Félicien Marceau, il embraye et relit *Les Années courtes*, *Les Elans du cœur*, *Balzac et son monde*. Mais, j'aurai beau plaidé sa cause, il ne marchera pas pour Iris Murdoch, Dame Iris dont je consomme avec avidité les livres touffus, merveilleusement compliqués, totalement dénués d'espérance, mais imprégnés d'humour et de psychanalyse.

Il se lève très tôt, il lit pendant près de deux heures. Ensuite, avec plus ou moins de plaisir, il s'attaque à l'« alimentaire ». Pour Grasset il traduit Paul Théroux, Vikram Seth et les essais culottés, brillants, désopilants que Diane Ackermann, journaliste au supersmart *New Yorker,* a consacrés à des animaux de son choix. Grâce à Diane, Archaka connaîtra et traduira tout, absolument tout des manies intimes des baleines et des manchots comme de la tendresse que dispensent ces délicieuses chauves-souris, les roussettes. Il donne quelquefois une lecture à voix haute des pages les plus réjouissantes de

Miss Ackermann. Son public est tout acquis : Dimitri et Wil. Dimitri, je l'ai dit, a été professeur éminent à Yale et à Berkeley. C'est lui qui est allé au-devant de Soljenitsyne quand le grand pourfendeur des goulags a dû se réfugier dans l'un des plus beaux Etats de l'Est américain, le Vermont. Elle, Wilhemine, dite Wil, vient, on l'aura deviné, des Pays-Bas. Si Dimitri considère Archaka comme le fils qu'il n'a pas pu avoir, Wil vénère le jeune Français. Il lui soumet tous ses essais de spiritualité. Elle lui parle de son dieu à elle, Mozart. Chaque jour il l'accompagne jusqu'au studio où elle joue du piano.

L'érudit Dimitri comme la pianiste néerlandaise aiment s'amuser. J'entends leurs rires quand Archaka leur propose : « *Are you ready for a piece of Diane* » et qu'il s'exécute, aussi ravi que ses auditeurs.

Vers midi, Archaka quitte Golconde pour se rendre à l'atelier. Là, il salue Adolphine et grimpe quatre à quatre les marches étroites qui conduisent à sa terrasse fleurie. Il est chez lui. Il se le chante : je suis chez moi. La chatte grise au poitrail blanc surgit du néant, frôle les jambes nues de celui qu'elle a élu et l'interroge, miaulement très doux, parfois inaudible à tout autre qu'Archaka : on est seuls, tous les deux ? Archaka la prend dans ses bras, elle est à la fois pesante et légère contre sa poitrine, il lui dit : regarde. Et tous deux regardent là-bas la mer qui danse, la mer de la baie du Bengale.

Depuis qu'un urbaniste désinvolte a transformé la plage que nous fréquentions, devant Knowledge et le terrain de sport, en éboulis infranchissables, Archaka a jeté son dévolu sur la plage qui semblait n'attendre que lui au pied de son atelier. Il y rencontre d'anciens élèves, Videjadhar, par exemple, autrement dit Vaisseau, le joueur de flûte qui aime bien nager, que n'aime-t-il pas, Videjadhar au sourire perpétuel et charmeur ? Bientôt, d'autres baigneurs se joignent à eux. Ils sont jeunes, dynamiques, sans complexes (ce qui ne signifie pas sans manières). Ils viennent des villages environnants, peut-être trouvent-ils un petit boulot à Pondichéry. Pendant quelques jours ils aideront un maçon à construire une maison ; on les verra dans la chaîne d'ouvriers et d'ouvrières volontaires, se passer les briques, une à une comme en un jeu de furet interminable et solennel. Cela ne leur rapportera pas grand-chose, trois roupies six paisa, mais cela suffira pour acheter le poisson que l'on a promis à la famille. Et puis quand ils iront au temple, ils auront de quoi honorer leur dieu.

Kanane fait partie de ces jeunes villageois qui sortent Archaka de la solitude. Kanane apparaît dans *Promenade en Inde.* C'est un illettré, constate, non sans profond respect ni petit trémolo, celui qui l'a pris sous sa protection. Et Kanane s'occupe d'Archaka, l'oblige à sortir de Pondi, à s'enfoncer un peu mieux dans cette Inde singulière, inattendue, belle souvent, effrayante aussi, que me décrit avec des mots aussi simples qu'irremplaçables mon correspondant. Ils prendront des cars dont le chauffeur, lui, prend son temps. Retards, arrêts interminables, crevaisons, fièvres de la météo, moussons précoces ou tardives, Archaka encaissera chaque adversité sans s'énerver, il s'ébroue avec bonheur dans les aléas de l'Inde profonde. Je lui écris : le sikh de Jaipur t'a vacciné. Il en convient. Il me raconte le temple de Tiroupati, cette espèce de Lunapark indien et les prêtres au torse nu qui beuglent des mantras. Il me raconte Kanane qui plonge dans le bassin ou la piscine à deux heures du matin. Piscine et bassin, bien sûr, remplis d'eau bénite. Il me raconte la maison où il est reçu, où il dort à même le sol, entre une bicyclette et une machine à coudre. Au réveil ni fatigué ni courbatu. Le lendemain il dormira à la belle étoile.

Kanane a pour lui des attentions de jeune père. Cet illettré lui apprend avec une patience extraordinaire le langage des Tamouls. Il lui fait répéter des mots hérissés de consonnes inconnues en Occident et, quand la leçon est terminée, *rombo nandri* (en tamoul : merci beaucoup), Archaka médite assis sur une natte. Kanane est près de lui :

« *Il me sert de support de voyance tandis que je descends dans ce que dans le Dieu de Dieu j'ai appelé l'archéoconscient pour en rapporter l'éclair de neuves intuitions.* »

Et puis, un jour, le 6 juin 1990, Archaka sombre dans une souffrance qui lui en rappelle d'autres :

« *Je suis désormais face à face avec moi-même et avec le problème de toute ma vie... Rien, pas même Dieu, ne me suffit. Je ne trouve de raison à rien, lors même que je peux tout expliquer... A vingt-quatre ans, j'en mourais ou voulais en mourir. Et j'avais le vertige.* »

Suit une envolée douloureuse sur l'au-delà de l'au-delà. Puis une confidence tout aussi douloureuse :

« *Je passe par le feu, et mon image actuelle, qui est le résultat de ma vie à l'Ashram est la proie des flammes... Les êtres me sont arrachés sans que j'aie rien à faire pour cela. Pas seulement les êtres que je connais, mais aussi les inconnus. Comme va te le prouver cette histoire.* »

Voici l'histoire. Impossible de la résumer. La façon dont Archaka l'a contée me paraît parfaite. Si parfaite que, chaque fois que je la relis, ma gorge se noue :

« *Après mon bain matinal, je marchais sur la plage pour regagner l'endroit où j'avais laissé mes vêtements. On m'appelle. Un enfant était en difficulté dans les vagues. J'aide à l'en tirer – on l'étend sur le sable – tandis que celui-ci part en quête d'un médecin et que celui-là va chercher la police, je fais tout ce que je crois devoir faire, penché sur le corps gracile de ce petit garçon de peut-être dix ans... Autour de nous la foule, silencieuse, respectueuse. Je masse le torse du petit garçon pendant peut-être un quart d'heure, étonné qu'il puisse en sortir tant d'eau et content de la faire sortir. Quand le médecin arrive, l'enfant est mort.*

Inutile de te dire toutes les questions que je me suis posées. Avais-je fait ce qu'il fallait ? En étais-je sûr ? Les larmes aux yeux j'ai prié pour ce petit être sur qui personne peut-être ne pleurerait. Quels rêves avait-il eu le temps d'échafauder, quels espoirs de nourrir? Comment la conscience trouverait-elle le moyen de se développer, et l'âme de mûrir en si peu de temps et avec une si brève et si incomplète expérience des choses? »

« *Y a-t-il une faille dans le système?* se demande Archaka que ne quitte pas le souvenir du petit garçon mort dans ses bras. *Je me demande ce qu'en si peu de temps son âme aura pu apprendre au sein du corps qu'il a désormais abandonné. Son souvenir me guidant, je chercherai la réponse sans me lasser.* »

Dans la même déchirante et abondante lettre (huit pages manuscrites) il ne manque pas de me livrer la confidence en quelque sorte attendue, nécessaire :

« *Il se trouve que je me souviens très clairement des conditions où, si je puis dire, je suis mort la dernière fois : l'endroit, l'époque, etc. Je sais que cette mort n'est qu'une apparence...* »

La mort, la mort. La mort. Ce vivant si doué, réfléchi, attentif et capable de démonter, avec une précision qui tenait de l'art, les rouages d'une pensée, d'où qu'elle vînt, ce martien (c'est lui, on s'en souviendra, qui s'était surnommé ainsi) qui avait, dix ou douze ans de suite, travaillé avec autant d'acharnement que de joie à nourrir de culture française des jeunes gens que sa liberté de ton, sa fantaisie ravissaient, *light and delight*, il fallait qu'à chacune de nos rencontres, dans chacune de ses lettres, surgît, parfois furtive, parfois envahissante, l'ombre de la mort. Dès son arrivée à l'Ashram j'eus droit à ceci :

« *En Inde la mort est un dieu, non une déesse. Je voudrais écrire une pièce où je montrerai la mort comme on ne l'a jamais fait. Comme un être irrésistible puisque tout ce qui existe vient de lui. Et aussi comme le passeur qui conduit à une conscience plus haute et plus vaste.* »

A la mort de Princy de Baroda, personnage à la fois rutilant et pathétique de la jet set des *seventies*, alors que je m'attendais quand même à un petit mot de chagrin, je reçus cette réponse que je jugeai et que je juge encore sans appel :

« *La mort en soi ne cause en moi aucun trouble, aucune détresse, aucun désarroi. Pour moi non plus la mort n'existe pas... Pour Sayajirao (c'était le nom de Princy) je souhaite qu'il se repose et qu'il renaisse là où il devra pour devenir conscient de sa vérité profonde qui n'a rien à voir avec un nom, une famille, une époque, un pays. Le prince de Baroda est mort – que vive son âme innommée, de corps en corps plus forte et lumineuse.* »

Réaction identique quand arriva la nouvelle de la mort du cher Jean-Louis Curtis qui avait été si paternel avec lui. Je me souviens du petit mot dépêché par Jean-Louis à la parution du *Dieu de Dieu* : « Je lirai votre livre avec autant de passion que le précédent, *Les Temps préternels.* » Sans doute Archaka voulait-il pour Jean-Louis un repos bien mérité avant que son âme ne s'engouffrât dans une nouvelle vie. Est-ce dans un de ses livres ou dans une lettre dont j'ai égaré la date que je retrouve ceci :

« *Magie indienne qui prolonge l'ère d'avant la naissance et donne à la vie une dimension où l'on n'est pas réellement né, où tout se poursuit comme avant l'instauration du temps par la naissance et qui va marquer toute l'existence, imprégner toutes les pensées. Non né, on échappe à la mort. Tout le secret est là qui tient de la mystique la plus haute et de la vie la plus quotidienne...* »

« Non né, on échappe à la mort. »

Archaka a fini par mettre de l'ordre sur sa table. Dans ses tiroirs il laisse (peut-être que je me trompe) les manuscrits inédits dont il m'a parlé et que l'on ne me fera pas parvenir. Il n'a pas changé de place la tête de cheval peinte en vert que Suni me rapportera elle-même. Il se lave les mains, se recoiffe. Toque à la porte de Dimitri. Dans un grand sourire :

— Il va m'arriver quelque chose de merveilleux aujourd'hui.

Et quand il rencontre Wil :

— *Something wonderful is going to happen to me today.*

Quelques jours plus tôt il m'avait envoyé le manuscrit de *Promenade en Inde.*

Il a été l'unique conseiller littéraire de mes livres. Depuis *Le Petit Matin* je n'écrivais rien sans demander avis, suggestions et, le cas échéant, corrections à ce lecteur rare. Je ne m'accrochais jamais avec lui. Même quand cela ne me paraissait pas convaincant, je l'écoutais, il avait toujours raison.

Cette fois l'idée de *Promenade en Inde* venait de moi, des lettres qu'il m'avait écrites au fil de ses vingt ans de vie indienne. Je lui ai dit : tu n'es pas seulement un disciple de Sri Aurobindo, tu es un écrivain avec un œil, une sensibilité, un vocabulaire dont bien d'autres écrivains seraient jaloux. Je t'en prie, mets de côté le mysticisme, ne serait-ce que pour un livre. Ecris ce que tu m'as écrit dans tes lettres. Fais-le pour moi. Et tes lecteurs seront heureux. Ceux que tu as déjà, et ceux que tu vas te faire. Raconte ton Inde, elle ne ressemble à aucune autre, raconte Nolini-da, raconte Shyam et Ishwar, ton bonheur à Knowledge, raconte ton joueur de flûte et tes Tamouls sur la plage et leurs familles et leurs temples et vos équipées ahurissantes, ce qui t'a fait froid et horreur, ce qui t'a envoûté, pourquoi tu sais que tu ne pourras jamais quitter l'Inde.

Il a résisté longtemps. Puis il a cédé. *Promenade en Inde* a été écrit en un peu moins d'un an. Et c'est un livre dense, fort, où chaque page est une clé sur l'un des pays les plus mystérieux de la planète. A la parution du livre, le critique, Gilles Brochard, écrivit : « Désormais on ne pourra plus partir en Inde sans avoir lu cet ouvrage qui fait date depuis les dernières publications d'Alain Daniélou. »

Au soleil indien il est midi. Nous sommes le 7 février 1996. Archaka quitte Golconde. Il ne se retourne pas vers le bâtiment de Knowledge. Il marche d'un pas assuré. A-t-il pris son walkman ? Ecoute-t-il Gundula dans *Les Noces de Figaro* ? Ou sa chère Régine dans *Nuits d'été* ? Il porte, comme je l'ai dit, un short et une chemise à raies. Il a souri en disant au revoir à Dimitri et à Wil, il sourit à la brave Adolphine. Si la chatte grise est montée jusqu'à la terrasse fleurie de l'atelier, il lui donne une petite caresse. Peut-être qu'il se sent très bien. Conscient et serein comme le prince André à Borodino. Peut-être qu'il est convaincu, comme il l'a dit à ses amis de Golconde, que *something wonderful* va lui arriver, j'ai dit qu'il était devenu très expert en astrologie. Mais expert ne veut pas dire infaillible quand même ? Si ? Et la mort, quand on n'a que cinquante-trois ans, n'est pas « quelque chose de merveilleux ». Si ?

Je ne le croirai jamais.

Sans doute – les lettres que j'ai reçues d'Archaka en font foi – ne craint-il pas la mort. Mais il ne songe pas à la provoquer. Dans *Promenade en Inde*, évoquant sa santé qui se dégrade, il dit carrément : « Je suis lucide et pas suicidaire. » Enfin, dans la toute dernière lettre, il ne parle que de *Promenade en Inde*, en cours de publication. Il est bien décidé à s'occuper de son livre, à le défendre. La mort semble le cadet de ses soucis.

Il descend de l'atelier, sa serviette de bain sous le bras, il se dirige vers la plage, dépose chemise et short sur le sable. S'approche de la mer. A la fin de la dernière lettre que j'ai reçue il m'écrit :

« *J'ai recommencé de me baigner. Quel bonheur.* »

Sans point d'exclamation. Mais c'est toujours le bonheur pour Archaka quand il se baigne dans la baie du Bengale.

Dans la lettre où il me racontait la mort du petit garçon dans ses bras, il me confiait qu'une douleur lui mâchait l'épaule et qu'il se contentait de rester sur place dans l'eau à la façon des Indiens. Le bonheur quand même.

Tout ce que je sais, tout ce que je saurai, ce qu'on m'a écrit et téléphoné : Saint-Paul, le Tamoul chrétien, le fils d'Adolphine, aurait vu un tourbillon dans la mer. Du haut du ponton où il était en train de pêcher à la ligne à quelque distance d'Archaka. Il aurait précipitamment quitté cet observatoire et – sans l'aide de quiconque, il n'y avait que lui de ce côté-là de la plage – il aurait tiré le corps sur le sable sec.

Alerté par une servante de Golconde (les nouvelles vont vite en Inde), Sunayana a filé sur son scooter. Elle a trouvé Archaka allongé sur sa serviette de bain, il semblait dormir : « *He was already no more* (Il n'était déjà plus) », m'a-t-elle dit au téléphone.

Cela s'est passé le 7 février 1996 et, le jour même, à midi heure française, cinq heures de l'après-midi en Inde, dans ma maison le téléphone a sonné. Chantona, la Bengalie qui habitait Paris avec ses trois enfants, avait reçu la consigne de me prévenir :

— Archaka est mort ce matin. Noyé.

Félicien, l'auteur des *Elans du cœur*, était auprès de moi. Comme les Indiens, je n'ai pas pleuré. Seule, dans l'airial, j'ai hurlé.

Et puis j'ai appris qu'à l'autopsie, on n'avait pas trouvé une seule goutte d'eau dans l'estomac et les poumons d'Archaka. Il n'était donc pas mort noyé. D'autres amis me l'ont confirmé : Svetlana Pitoëff, son fils, Christophe : Archaka aurait eu un malaise en sortant de la mer. Y était-il seulement entré ? En avait-il eu le temps ? « Arrêt cardiaque », disait le rapport d'autopsie avec le maximum de sobriété. Provoqué par quoi ? Quelques heures plus tôt il était joyeux, disert. Ni le docteur Datta ni les médecins de Paris n'avaient constaté chez cet homme de cinquante-trois ans la moindre insuffisance cardiaque.

Ah, si j'avais pu interroger Saint-Paul, lui faire répéter inlassablement ce qu'il avait pris pour un tourbillon dans la mer, quel était l'endroit où il avait précisément vu tomber Archaka, dans quel état se trouvait mon ami quand il l'avait tiré sur le sable. Qui pouvait m'en révéler davantage ? Dimitri et Wil ne m'ont fait part que de leur affreux chagrin. Et Mona et Sutapa ne m'ont parlé que de l'âme d'Archaka.

Touffeur et mystère de l'Inde, saura-t-on la vérité ? En quittant son corps de façon si étrange et soudaine, imprévisible, Archaka a écrit le dernier chapitre de son livre sur le pays qu'il appelait « la terre de son âme ».

On l'a couché à l'arrière d'une camionnette, dans un berceau de fleurs empruntées au Samadhi, et on l'a promené d'une maison de l'Ashram à une autre. Ainsi celui – ancien élève, professeur ou simple ashramite – qui l'avait aimé pouvait lui dire *Namaste* pour la dernière fois. Par la suite, il a eu droit à la même cérémonie qu'Indira. Vous souvenez-vous d'avoir vu, à la télévision, Rajiv allumer le bûcher de sa mère et réciter les mantras de circonstance ? Pour Archaka, ce fut de façon très exceptionnelle (jamais d'habitude on ne choisit une femme pour tenir ce rôle) Sunayana, Suni, qui alluma la flamme. Elle n'a jamais pu me le raconter.

Dix jours après la mort d'Archaka, ses amis les plus proches, Dimitri, Wilhemine, Maggi, Suni, Mona, Gauri, Jhumur, d'autres encore, se réunirent dans la chambre qu'il occupait au deuxième étage de Golconde. Ils s'asseyèrent à sa table, sur la dalle. Pas un mot. Pas un regard échangé. Le silence des cloîtres. Celui du Samadhi. Archaka était avec eux. Certains sentirent sa présence. Maggi l'écrivit dans *Mother India* : « *He was with us.* » *Light and delight.*

Pendant près de dix ans je n'ai rien pu écrire, rien. Les mots m'avaient fuie et je désespérais, je laisserais sans témoignage cet être qui avait régné sur tout un pan de ma vie. Quel est le dieu qui m'a donné l'idée de relire la totalité de ses lettres ? Soudain Archaka était là, près de moi, présence inouïe, voix, regard, langage, musique. J'ai compris que son âme était prête pour une nouvelle vie.

Dix ans. Mais oui, bien sûr, le moment était

venu, il allait renaître. Si Dieu m'en laissait le temps, je le reconnaîtrai. Sur une plage, un enfant. Et dans les yeux de l'enfant, *cette* lumière.

Notes

Avec l'aide d'Olivier Pironneau, ami fidèle de l'Ashram de Sri Aurobindo, j'ai pu faire transporter en France les sept livres d'Archaka publiés aux presses de l'Ashram (Mira Trust).

Quelques années plus tard, Anne Ducreux, Française domiciliée à Genève, m'offrait de regrouper ces livres dans la collection de spiritualité qu'elle dirigeait sous le titre « Tradition vivante ».

Il s'agit de *Le Sacrilège*, *Le Temple de l'apocalypse*, *La Traversée du temps*, *La Fin de la mémoire*, *La Galaxie humaine*, *Bénédiction de l'abîme*, *Images du futur*.

En 2002, Anne Ducreux a signé un accord avec M. Jean-Paul Bertrand, à l'époque directeur des Editions du Rocher, pour qu'il s'occupe de la diffusion de ces livres, lesquels ont, espérons-le, été entreprosés aux Editions du Rocher.

La Vie divine, dans la traduction d'Archaka (qu'il désirait revoir), vient de paraître à Pondichéry aux presses de l'Ashram sous la houlette de Cristof Alward Pitoëff.

www.ingramcontent.com/pod-product-compliance
Lightning Source LLC
LaVergne TN
LVHW052029170826
845678LV00018B/2197

* 9 7 8 2 2 4 6 5 9 2 5 1 8 *